Endlich Berliner! Mit diesem Begeisterungsruf entrinnt so mancher der deutschen Provinz und zieht nach Berlin, in die Hauptstadt. Endlich Kreuzberg, endlich die Museumsinsel, endlich Clubs und Theater. Es gibt zahllose Gründe, endlich Berliner zu werden. Eigentlich kaum zu glauben, daß einem hier auch der Himmel auf den Kopf fallen kann. Touristenfallen am Hackeschen Markt, verdreckte S-Bahnen, und der Monat November scheint kälter, feuchter und dunkler als irgendwo sonst auf der Welt. Also doch lieber raus aus Berlin? Auf jeden Fall! Aber nur für drei Wochen im Jahr. Und niemals im Mai und schon gar nicht im Sommer.

Hans-Ulrich Treichel, geboren 1952 in Versmold/Westfalen, Erzähler, Lyriker, Essayist, lebt seit 1971 in Berlin, aktuell in Steglitz. Seine Werke wurden in 28 Sprachen übersetzt. 2010 erschien von ihm im Suhrkamp Verlag der Roman *Grunewaldsee*.

insel taschenbuch 4097
Hans-Ulrich Treichel
Endlich Berliner!

HANS-ULRICH TREICHEL
ENDLICH BERLINER!

Mit 16 Farbaufnahmen des Autors
Insel Verlag

Umschlagfoto: Andreas Levers / Getty Images

insel taschenbuch 4097
Erste Auflage 2011
© Insel Verlag Berlin 2011
Vertrieb durch den Suhrkamp Taschenbuch Verlag
Hinweise zu dieser Ausgabe am Schluß des Bandes
Umschlaggestaltung: bürosüd, München
Satz: Hümmer GmbH, Waldbüttelbrunn
Druck: CPI – Ebner & Spiegel, Ulm
Printed in Germany
ISBN 978-3-458-35797-1

1 2 3 4 5 6 – 16 15 14 13 12 11

VORWORT

Kürzlich entdeckte ich zu Hause beim Büchersortieren ein Buch mit dem Titel: *Kreuzberger Wanderbuch. Wege ins widerborstige Berlin.* Wandern in Kreuzberg? Widerborstiges Berlin? Das Buch muß ich irgendwann in den achtziger Jahren gekauft haben, denn damals blühte hier das alternative Leben. Ich wollte gerne wissen, wann das Buch erschienen ist, konnte aber im Impressum keine Jahreszahl finden. Also schaute ich im Katalog der Deutschen Nationalbibliothek nach und fand: 1984.

1984 – das war die Zeit, in der auch ich in Kreuzberg gelebt habe. In der Lausitzer Straße. SO 36 nannte man die Gegend damals, was die Abkürzung von Berlin Südost 36 war, so hieß der entsprechende Postzustellbezirk. Vorher hatte ich in »61« gelebt, am Tempelhofer Ufer, direkt gegenüber der Schaubühne am Halleschen Ufer. Diesseits vom Landwehrkanal war das Tempelhofer und jenseits das Hallesche Ufer. Der Bezirk 61 war einst das bessere Kreuzberg. Einigen Häusern am Mehringdamm sieht man das noch an. Meine Wohngemeinschaft war allerdings sozial eher schwach und bestand aus Leuten, die alles mögliche machten: in der Gastronomie arbeiten, Autos nach Spanien überführen, fotografieren, musizieren, eine Konzertagentur gründen (und diese wieder aufgeben), eine Firma für die Beleuchtung von Freiluftkonzerten gründen (und diese ebenfalls wieder aufgeben), an der Schaubühne als Bühnenarbeiter arbeiten. Wie ich auch. In den Semesterferien. Wir bauten Kulissen auf und ab, trugen Möbel hin und her und gelegentlich, wenn bei den Malern Not am Mann war, bemalten wir auch die Bühnenwände. Für Kleists *Prinz Friedrich von Homburg* beispielsweise oder *Die Hypochonder* von Botho Strauß.

7

Das waren noch Zeiten. Berliner Zeiten. Ich könnte jetzt zu schwärmen beginnen und Anekdoten erzählen von meinen Begegnungen mit den bedeutendsten Theaterleuten dieser Jahre in der Kantine der Schaubühne am Halleschen Ufer. Aber in Wahrheit bin ich ihnen gar nicht begegnet, sondern habe sie nur gesehen. Sowohl in der Kantine als auch bei den Proben. Bruno Ganz, Michael König, Jutta Lampe, Edith Clever, Otto Sander und viele andere. Von Peter Stein ganz zu schweigen. Ob sie auch mich gesehen haben, möchte ich allerdings bezweifeln. Wir Bühnenarbeiter und Bühnenhilfsarbeiter sahen alle irgendwie gleich aus. Aber schön war es doch, so mitten im Zentrum der Theaterkunst zu sein. Die Arbeit war meistens Nachtarbeit und so erschöpfend, daß man keine Lust mehr hatte, auch noch in eine der Vorstellungen zu gehen. Trotz der Möglichkeit, günstig an Karten zu kommen. Ich bin in meinem Leben noch nie so wenig ins Theater gegangen wie zu der Zeit, als ich als Bühnenarbeiter an der Schaubühne arbeitete.

Ich bin allerdings auch nicht in Kreuzberg wandern gegangen. Weder damals noch später. Trotzdem habe ich mir das *Kreuzberger Wanderbuch* gekauft. Warum nur? Ich wohnte doch dort. Wohin sollte ich da noch wandern? Nach »Klein-Istanbul« etwa, wie eines der Kapitel in dem Wanderbuch heißt? Oder zu Riehmers Hofgarten. Der kommt auch in dem Buch vor. Da kam ich doch ohnehin vorbei, denn unweit davon hat meine Zahnärztin ihre Praxis, der ich nun auch schon dreißig Jahre die Treue halte. Und sie mir. Noch immer in der gleichen Praxis. Auch das Paul-Lincke-Ufer wird als Wanderziel gewürdigt. In einem Kapitel mit dem Titel »Ein Dorf wächst aus den Hinterhöfen«. Ich weiß im Moment nicht, wie das gemeint ist. Was für ein Dorf? Und wie wächst es aus den Hinterhöfen heraus? Ich müßte das Kapitel noch einmal lesen. Und mir ein weiteres Mal mein

8

Kreuzberg von damals erklären lassen. Denn das war wohl der Grund, warum ich mir ein solches Buch über meinen eigenen Stadtteil gekauft habe. Ich wollte wissen, wo ich war.

Ich habe mir auch später immer wieder Bücher über Berlin gekauft. Oder in einer Stadtteilbibliothek ausgeliehen. Ich wollte auch später offenbar immer wieder wissen, wo ich war. Und das seit nunmehr fast vierzig Jahren. Erst kürzlich habe ich mir ein Buch über Südende gekauft. In einem Zeitungsladen in der Nähe des S-Bahnhofs Südende. Mir war gar nicht klar, daß man auch über diese Gegend ein Buch schreiben kann. Denn hier ist nun wirklich gar nichts los. Wenn hier einer eine Geschäftsidee hat, dann macht er einen Laden für Hörgeräte auf. Oder, noch besser, einen Notfall-Eil-Reparaturservice für Rollstühle, wie ich kürzlich gesehen habe. Darauf muß man erst einmal kommen. Hier, rund um den S-Bahnhof Südende herum, kommt man darauf. Aber ich will meine eigene Gegend nicht allzu schlecht machen, schließlich handelt es sich um eine sogenannte Landhauskolonie. Außerdem gibt es in dem Buch einen Abschnitt, der überschrieben ist mit der Feststellung »Südende findet mehr und mehr Beachtung«. Das klingt vielversprechend, ist aber leider nicht auf die Gegenwart, sondern auf die Jahre 1884 bis 1903 gemünzt. Beachtenswert aber erscheint mir, daß Otto Lilienthal in Südende einige Flugversuche unternahm: vom Dach eines Holzschuppens, den er an einem Abhang auf der sogenannten Steglitzer Maihöhe errichtet hatte. Aber das ist Geschichte. Doch etwas wirklich Einzigartiges gibt es hier auch heute noch: Ich meine nicht das 1. KFZ-Pfandleihhaus in Berlin, das bei seiner Gründung in der Tat einzigartig war und wo man sein Auto verpfänden kann. Sechstausend zufriedene Kunden, heißt es in der Eigenwerbung des Pfandleihhauses. Ich meine den Natur-Park Schöneberger Südgelände, der nur eine S-Bahn-Station von Südende entfernt ist und sich auf dem Gelände des ehemaligen Tempelhofer Rangierbahnhofs befindet. Man kann noch immer eine alte Lokomotive bewundern, die aber nicht weiter stört und friedlich auf der Stelle steht.

Hinzugekommen sind Pflanzen und Tiere, die es hier vormals nicht gegeben hat. So hat sich im Südgelände die Gottesanbeterin angesiedelt, auch Mantis religiosa genannt. Ein wahrhaft mythisches Tier, dem der französische Kulturphilosoph Roger Caillois eine eigene Studie gewidmet hat und dem man normalerweise im Mittelmeerraum begegnet. Allein schon deshalb lohnt es sich, den einen Euro Eintrittsgeld zu investieren und das Südgelände zu besuchen. Wegen des Mittelmeergefühls, das einen hier ergreift. Die Gottesanbeterin selbst bekommt man wahrscheinlich nicht zu Gesicht. Ich jedenfalls habe sie dort noch nie gesehen. Nur darüber gelesen. In einer Informationsbroschüre über das Schöneberger Südgelände. Seit ich die Broschüre gelesen habe, höre ich im Südgelände die Zikaden singen.

Daran sieht man, wie wichtig das Lesen ist. Das Lesen generell. Aber auch das Lesen über Berlin. Ich habe schon in vielen Berliner Stadtteilen gewohnt und immer auch über diese Stadtteile gelesen. Und dies eben nicht, weil ich so ein fleißiger und bildungshungriger Mensch bin, sondern weil ich wissen wollte, wo ich war. Weil mir die Orientierung manchmal schwerfällt. Und auch das genaue Hinschauen. Weil ich aus Ostwestfalen stamme und mir gelegentlich und besonders in melancholischen Momenten alles zu Ostwestfalen wird. Beziehungsweise zu Bielefeld. Auch Berlin. Moabit, Charlottenburg, Steglitz, Friedrichshain, Oberschöneweide, Pankow – alles Bielefeld. Aber das muß ja nicht sein. Dann könnte ich ja gleich in Bielefeld leben. Wenn ich schon in Berlin lebe, dann will ich mich auch wie in Berlin fühlen. Großstädtisch. Geschichtsbewußt. Geschichtsbetroffen. Weltoffen. Gebildet. Berlin-gebildet. Dann soll sich alles, was zur Metropole Berlin gehört, auch in mir versammeln.

Das funktioniert natürlich nicht immer, weil auch Berlin selbst nicht immer in sich versammelt ist. Sondern manchmal so öde und leer, kleinkariert und provinzlerisch, verregnet und traurig, daß man weinen möchte. Und zuweilen auch eklig, weil voller Hundekot. Der seit einiger Zeit von einigen Hundehaltern zwar in Plastiktüten gesammelt, dann aber an Zäune und in die Büsche gehängt wird. Im Grunewald beispielsweise und rund um den Grunewaldsee. Das habe ich selbst schon oft genug gesehen, daß im Grunewald die Hundekacke in Plastiktüten an Zäunen und Büschen hängt. Auf Augenhöhe sozusagen. Da sehnt man sich dann nach Bielefeld. Packt aber trotzdem nicht seine Koffer. Einmal Berlin, immer Berlin. Es sei denn, man findet hier keine vernünftige Arbeit. Dann geht man auch gerne woandershin. Zum Beispiel nach Leipzig, wo ich schon seit vielen Jahren einen ersten Arbeitsplatz und einen zweiten Wohnsitz habe.

Von Leipzig aus gesehen ist Berlin sehr schön. Noch schöner vielleicht, als wenn man immer mittendrin hockt. Distanz schärft die Wahrnehmung. Wobei natürlich auch die Geschichte dafür gesorgt hat, daß es für die Berliner in Berlin nie so richtig gemütlich geworden ist. Am gemütlichsten war es vielleicht noch im berühmten Soziotop beziehungsweise Archipel Westberlin der siebziger und achtziger Jahre. Wenn man mal von der Wohnungsproblematik absieht. Keine Moabiter oder Weddinger Wohnung mit Außenklo war schlecht genug, um sie am Ende nicht doch noch zu mieten. Aus Mangel an bezahlbaren Alternativen. Und die Mauer? Die galt ja nur für die anderen. Die Ostberliner. Von Westen aus gesehen. Die diente der Verkehrsberuhigung. So mancher Pfad in Mauernähe war zudem eine prima Joggingstrecke.

Man kann schließlich nicht ununterbrochen politisch denken.

Mit dem Westberliner Soziotop war es 1989 vorbei. Falls es so etwas wie ein Ostberliner Soziotop gegeben haben sollte, dann endete dieses ebenfalls. Nun machte sich Berlin auf den Weg zur internationalen Metropole und folgt inzwischen, was die Besucherzahlen angeht, direkt auf Paris und London. Und liegt noch vor Rom. Das stellt natürlich eine Herausforderung für das eigene Berlin-Gefühl dar. Die Stadt hat sich wiedervereinigt, erneuert, modernisiert und historisiert zugleich – und damit auch aufs neue fremd gemacht. Und muß zurückerobert werden. Das geht am besten lesend und schreibend. Ich kaufe mir wieder Berlin-Bücher, denn ich will einmal mehr und jetzt erst recht wissen, wo ich eigentlich bin, wenn ich in Berlin bin.

Wobei neuerdings zwei spezielle Arten von Berlin-Büchern hinzugekommen sind, die es früher meines Wissens gar nicht gegeben hat. Zumindest sind sie mir nie aufgefallen. Zum einen handelt es sich um Berlin-Beschimpfungsbücher. Und zum anderen um Bücher über das »unbekannte« Berlin. Erstere sind wahrscheinlich ein deutliches Indiz dafür, daß Berlin sich seinen Ruf als internationale Metropole gesichert hat. Solange die Stadt noch schwächelte – historisch, politisch, demographisch, ökonomisch oder kulturell – und zudem geteilt war, hat es niemandem Vergnügen gemacht, sie zu attackieren. Jetzt liegen Bücher mit Titeln wie *Berlin ist das Allerletzte* gleichberechtigt neben allen anderen Berlin-Büchern in den Buchhandlungen. Aber: Who cares? Beziehungsweise: Wen kratzt es? Mein Exemplar von *Berlin ist das Allerletzte* habe ich für zwei Euro in einem Antiquariat in der Kreuzberger Bergmannstraße erstanden.

An den anderen Typ von Berlin-Büchern, die Bücher über das unbekannte Berlin, muß ich mich erst noch gewöhnen.

Ebenso an Buch(unter)titel, die Aufforderungen enthalten wie »Entdecken Sie die Schönheiten und Geheimnisse der Stadt«. Will ich das wirklich? Die Schönheiten und Geheimnisse meiner Stadt entdecken? In dem Buch gibt es ein Kapitel über »Das unbekannte Ostberlin«. Und eines über »Die rote Insel Schöneberg«. Schöneberg kenne ich. Meines Wissens ist Schöneberg weder besonders schön, noch hat es ein Geheimnis. Aber beschimpfen würde ich den Stadtteil auch nicht. In Schöneberg habe ich eine weitere, mehrere Jahre dauernde Wohngemeinschaftsphase verlebt. Nicht wie in Keuzberg in einer verschatteten Ladenwohnung, sondern in einer großen und halbwegs bürgerlichen Altbauwohnung und auf eher akademischem Niveau. Wohngemeinschaft mit Hochschulabschluß sozusagen. Wer ihn nicht schaffte und danach seine Doktorarbeit nicht wenigstens plante, fühlte sich bald auch in der Wohngemeinschaft nicht mehr wohl.

Das unbekannte Ostberlin dagegen kenne ich nicht. Ich kenne noch nicht mal das bekannte Ostberlin wirklich gut. Nur so, wie man es als Westberliner eben kennenlernte: das Berliner Ensemble, das Pergamonmuseum, das Gastmahl des Meeres, das Internationale Buch, der Müggelsee und schließlich die Ausreisehalle der Grenzübergangsstelle im Bahnhof Friedrichstraße, der später Tränenpalast genannt wurde, was mir allerdings etwas gekünstelt witzig vorkommen will und gar nicht nach echtem Volksmund. Aber so ist es mir mit der Schwangeren Auster (Kongresshalle), dem Langen Lulatsch (Funkturm) und dem Palazzo Prozzo (Palast der Republik) auch schon gegangen. Wie auch immer: Berliner Ensemble, Pergamonmuseum, Gastmahl des Meeres usw. waren die Stationen, die man als Westberliner in Ostberlin ansteuerte. Aber hatten die wirklich etwas mit Ostberlin zu tun? Dem Ostberlin der Ostberliner? Wenn ich an meine Verwandten denke, die in Ostberlin lebten und die ich zu DDR-Zeiten gelegentlich besuchte, bin ich mir da nicht so sicher. In diesem meinem Ostberlin haben sie jedenfalls nicht gelebt. Welches ihres war, habe ich nicht erfahren.

Und heute? Wie soll man denn einen von Touristen überlaufenen Hackeschen Markt beispielsweise kennenlernen? Die Entdeckung des Hackeschen Marktes steht noch aus. Der von Berlinern und Touristen gleichermaßen überlaufene Hackesche Markt einschließlich der Hackeschen Höfe ist sozusagen das größte Berliner Geheimnis für mich. Hingehen hilft nicht. Vielleicht hilft Lektüre. Oder aber das Schreiben.

Der vorliegende Band versammelt eine Auswahl von Texten aus mehr als dreißig Jahren. Solange ich schreibe, habe ich immer auch über Berlin geschrieben. Sei es in Artikeln, Glossen, Gedichten, Essays, Erzählungen oder Romanen. Mein letzter Roman, *Grunewaldsee*, ist geradezu ein Berlin-Roman, auch wenn er teilweise in Spanien spielt. Aber Distanz schärft, wie gesagt, die Wahrnehmung. Um Distanz von Berlin zu bekommen, muß man allerdings Berlin nicht unbedingt verlassen. Die Stadt ist ja auch bei sich selbst nicht unbedingt zu Hause. Und der typische Berliner oft genug ein Fremder oder Zugezogener und allenfalls das, was man einen gelernten Berliner nennt. Wenn er es denn gelernt hat. Ich meinerseits muß gestehen, daß ich immer noch lerne. Mit wenig Hoffnung, irgendwann auszulernen, um am Ende ein richtiger Berliner zu sein. Einer mit Heimatgefühl und eigenem Kiez und allem, was sonst noch zum Berliner-Sein dazugehört. Aber darauf kommt es ja auch gar nicht an. Wir sind schließlich auch als Erdenbürger nur Zugezogene mit befristetem Aufenthaltsrecht, die irgendwann wieder gehen müssen. Das ist traurig und manchmal auch tröstlich und läßt sich für einen Schriftsteller am besten dadurch ertragen, daß er davon erzählt.

ENDLICH BERLINER

ENDLICH BERLINER

Endlich Berliner! hätte ich am liebsten ausgerufen, als man mir in der Meldestelle den grauen bundesrepublikanischen Personalausweis ungültig stempelte und einen grünen und sogenannten behelfsmäßigen Westberliner Personalausweis überreichte. Mein neuer Wohnsitz befreite mich nicht nur vom Dienst bei der Bundeswehr, er erlaubte mir auch, mich nun als Westberliner zu fühlen – und damit einer exklusiven Spezies Mensch anzugehören. Ich hatte im Meldeamt des Bezirks Charlottenburg die größtmögliche evolutive Abkürzung genommen, die mir überhaupt möglich schien: Vom Ostwestfalen zum Westberliner! Aus der Steinzeit in die Gegenwart. Aus dem Neandertal an die Freie Universität.

Denn hier herrschte der Homo sapiens sapiens, besonders im Fach Philosophie, wenn ich an die dort Lehrenden denke. Was die alles wußten. Und was ich selbst alles nicht wußte – aber zugleich wissen wollte, auch wenn ich es nicht immer verstand. Hegels Vorrede zur *Phänomenologie des Geistes* etwa, in der sich ganz erstaunliche, aber für mich schier unverständliche Sätze fanden. Später lernte ich, daß sich mit Hegelsätzen auch ein Büffet eröffnen ließ, wie es einer meiner Professoren anläßlich einer Feier einmal getan hatte: »Alles ist zum Verzehr bestimmt.« Wobei sich auch ein Satz von Platon angeboten hätte, der im *Timaios* sagt: »Denn von nirgendwärtsher fand ein Zugang oder Abgang statt (...), sondern ein Sichselbstverzehren gewährt der Welt ihre Nahrung (...).«

Daß Westberlin nicht nur ein Ort des Geistes, sondern auch ein sich selbst und so manche Menschen verzehrender sozialer und politischer Organismus sein konnte, mußte ich erst noch lernen. Ich hatte Westberlin lange Zeit vor allem an Ostwestfalen gemessen. Das aber war nicht gerecht – Ostwestfalen gegenüber. Keine Chance für Ostwestfalen. Wäre ich in Nordhessen aufgewachsen, hätte ich Westberlin an Nordhessen gemessen, was Nordhessen gegenüber ungerecht gewesen wäre. Aber so waren die zugezogenen neuen Westberliner eben. Gestern noch Dorfbewohner – und jetzt schon Weltbürger. Gestern noch die Freizeit im CVJM-Jugendheim verbracht oder an der einzigen Frittenbude des Ortes herumgelungert, heute bereits am Puls der Zeit. Im Inneren des Weltgeschehens. An der Frontlinie des Kalten Krieges. Auf den Barrikaden der revolutionären Studentenbewegung. Gestern noch Kuhmist an den Schuhen. Heute schon eiskalte Provinzverächter. Gnadenlose Bielefeldhasser. Halb in Moskau, geographisch gesehen, und halb in Paris, kulturell gesehen.

Zumindest was die Gegend um den Savignyplatz anging. Und das Charlottenburger Kinoprogramm. Stundenlang und mit nicht enden wollender Begeisterung haben wir uns im Filmkunst 66 *Die Mama und die Hure* angesehen. Daß der überlange Film (220 Minuten) vor allem langweilig war, wollten wir uns keinesfalls eingestehen. Und sind hinterher zwar nicht ins Deux Magots, wohl aber Richtung Paris Bar gegangen, wo sich bald darauf die Neuen Wilden und Neoexpressionisten ihre Zigarillos mit Hundertmarkscheinen ansteckten. Wir haben die Bar aber nicht betreten, sondern nur durch die Scheiben geschaut. Es war dort wie immer zu voll und zu schick und zu prominent besetzt. So daß wir uns nach Sichtung der Lage mit dem Satz »Laßt uns woanders hingehen« ins Ali Baba aufgemacht haben, wo es Pizza auf die Hand gab und ganz gemütlich war.

Sehr aufregend war das alles. Aber auch ziemlich traurig. Nur war nicht ganz klar, woher die Traurigkeit eigentlich kam, die einen in Westberlin so plötzlich überfallen konnte. In Ostwestfalen unter dem steinschweren Himmel wußte ich immer, warum mich der Katzenjammer packte: wegen Ostwestfalen. Heute weiß ich, daß es weniger mit Ostwestfalen und mehr mit dem zu tun hatte, was meine Eltern während des Krieges erlebt hatten. Meine Eltern hatten die Traurigkeit nach Ostwestfalen importiert. Sie hatten eine Hülle von Traurigkeit über Ostwestfalen gestülpt, die mich mit der Zeit zu ersticken drohte. Jedes Haus und jede Straßenkreuzung, jede Wiese, jeder Bach und jeder Vorgarten: alles unsagbar deprimierend. Von Umgehungsstraßen und Kreissparkassen, von Klärwerken und Fleischfabriken gar nicht zu reden.

Es gab also viele Gründe, endlich Berliner zu werden. Um so schlimmer, daß einem auch hier der Himmel auf den Kopf fallen konnte, was vor allem an den Wohnungen lag, die man in Westberlin den Menschen zumutete. Ich habe in Westberlin in Wohnungen gelebt, darin hätte man in Ostwestfalen nicht mal eine Mülltüte abgestellt. Und man mußte auch noch monatelang suchen und alle möglichen Bescheinigungen vorlegen, um so eine laute, dunkle, muffige, immer kalte, mit Kohleofen beheizte Hinterhofwohnung ohne Balkon und mit Etagenklo überhaupt zu bekommen. Das war offenbar der Preis, den ich für die Flucht vor der Bundeswehr zu zahlen hatte. Die sanitären Verhältnisse waren in dem ukrainischen Geburtsort meines Vaters im Jahr 1910 wahrscheinlich nicht sehr viel schlechter gewesen als die sanitären Verhältnisse in so mancher Berliner Wohnung um 1970 herum.

Zum Glück sind Wohnungen nicht so wichtig, wenn man jung ist. Man ist dann ohnehin selten zu Hause. Allerdings mußte ich feststellen, daß in Westberlin auch alte Menschen in solchen Wohnungen lebten. In einer Tiergartener Wohnung, in der ich einige Zeit mit Blick auf die S-Bahn wohnte, teilte ich mir meine Etagentoilette mit zwei alleinstehenden älteren Damen und einem chilenischen Emigranten mit glänzendem schulterlangen Haar und der Figur eines Tänzers. Zu viert nutzten wir die Etagentoilette, was eine delikate, aber zum Glück von allen Beteiligten mit größter hygienischer Disziplin betriebene Angelegenheit war.

Das Haus befand sich in der Cuxhavener Straße, hatte die Hausnummer 14 und war das einzige Haus in dieser Straße. Wo waren die Nummern 1 bis 13? Und was kam nach der 14? Die Straße endete in einem mit Disteln und Unkraut bewachsenen Brachgelände, das wiederum an eine S-Bahn-Trasse grenzte. Vor einigen Jahren bin ich einmal dort vorbeigekommen und habe gesehen, daß das Haus renoviert worden war. Ich bin nicht hineingegangen, weil die große schmiedeiserne und neu verglaste Haustür verschlossen war. Damals und zu meiner Zeit stand sie offen, niemand besaß einen Schlüssel, und das Glas war herausgeschlagen. Inzwischen kann man sogar einiges über das Haus nachlesen. In einem Buch über die Geschichte des historischen Hansa-Viertels ist ihm ein eigener Abschnitt gewidmet. Hier lese ich, daß die Cuxhavener Straße 14 während der Nazizeit ein sogenanntes Judenhaus gewesen sein soll, in das die aus ihren Wohnungen vertriebenen Juden des Viertels bis zur Deportation zwangseingewiesen worden waren. Unter anderem der Rabbiner der jüdischen Großloge Ephraim Finkel, der sich hier eine Wohnung mit acht Personen teilen mußte, bevor er 1942 nach Theresienstadt deportiert wurde. Das erfahre ich allerdings erst jetzt. Dreißig Jahre nachdem ich dort gewohnt habe.

Ich neige normalerweise nicht dazu, meine alten Gegenden aufzusuchen. Weder die alten Gegenden meiner Kindheit und Jugend noch meine alten Berliner Gegenden. Wobei ich in Westberlin in so vielen Stadtteilen gelebt habe, daß überall alte Gegenden drohen. Charlottenburg, Tiergarten, Wedding, Schöneberg, Friedenau, Steglitz, Kreuzberg – alles alte Gegenden. Und manchmal läßt es sich eben auch nicht vermeiden, in so eine alte Gegend zu kommen. Dann findet man sich plötzlich in der Straße oder vor dem Haus wieder, in dem man einmal gewohnt hat, steht vor einem einst vertrauten Hauseingang und fragt sich, ob man sich selbst überhaupt noch wiedererkennen würde und was man sich wohl zu sagen hätte, wenn die Gestalt von damals nun aus dem Haus träte.

Früher und zu der Zeit, als das Endlich-Berliner-Gefühl noch akut war, waren diese alten Gegenden noch kein Problem. Ich hatte schließlich noch keine Berliner Vergangenheit, sondern nur eine Berliner Gegenwart und eine gleichsam unendliche Aussicht auf Zukunft. Da war ich mit meinem behelfsmäßigen Berliner Personalausweis noch ganz eins mit mir selbst. Der Inbegriff meiner Möglichkeiten. Die Behelfsmäßigkeit gab mir paradoxerweise Sicherheit und Zuversicht. Sie hätte ewig dauern können, diese Behelfsmäßigkeit. Je behelfsmäßiger, desto besser. Aber man kann ja nicht jahrelang behelfsmäßig sein. Man kann auch nicht jahrzehntelang darüber erleichtert sein, daß man nun endlich Berliner ist. Irgendwann häuft auch der Neuberliner lebensgeschichtliche Berliner Vergangenheit auf. Wird zum Dauerberliner. Zum Alterberliner gar. Und blickt auf seine frühen Berliner Jahre wie auf eine versunkene Epoche zurück. Auch das Erwachsenenleben hat seine Epochen und seine eigenen Kindheiten. Und mir kommen meine ersten Westberliner Jahre vor wie eine Art Berliner Kindheit. Die Wege nach Dahlem in die Freie Universität, die Mauerspaziergänge, die Kreuzberger Nächte – und auch die in Charlottenburg: als ich beispielsweise in der Mommsenstraße gewohnt habe und mir den Hinterhof mit der Musikkneipe Go In teilte. Das Unter-

mietzimmer, das ich dort bewohnte, gehörte zu einer groß-
bürgerlichen Berliner Wohnung. Man erreichte es nur, wenn
man mehrere Flure durchquerte und dann durch einen Lagerraum ging, der nicht vermietet war, sondern der Woh-
nungsbesitzerin gehörte, die dort Lagerbestände aus dem
ehemaligen Geschäft ihres verstorbenen Mannes aufbewahr-
te. Hinter dem Lagerraum war mein Westberliner Reich.
Hier las ich Hegel, lauschte nachts der Musik der Gebrüder
Blattschuß und fühlte mich zuweilen so einsam, wie man
sich allenfalls in Ostwestfalen einsam fühlen konnte. Endlich Berliner – aber wozu das Ganze? Um hier wie Kafkas
Gregor Samsa in einem Zimmer hinter einem mit Kartons
vollgestellten Lagerraum vor mich hin zu vegetieren? Wenn
auch in Kudammnähe. Lagerräume und Kartons kannte ich
aus meinem Elternhaus zur Genüge. Dort waren Zigaretten
und Zigarren für das elterliche Geschäft in den Kartons. Hier
war es Modeschmuck, der nach der Geschäftsaufgabe übrig-
geblieben war. Aus der Mode gekommener Modeschmuck.
Gegen die Charlottenburger Melancholie half nur die Revo-
lution. Oder ein Umzug. Und das Studium. Lesen und Schreiben. Doch vor allem das Lesen. Zu schreiben habe ich erst
spät und gegen Ende des Studiums begonnen. Gelesen habe
ich schon immer. Warum würde man sonst auch Germanistik studieren. Doch eigentlich nur um des Lesens willen.
Zu meinen ersten Berliner Lektüren zählte Walter Benjamins
Berliner Kindheit um neunzehnhundert. Ich habe das Buch
in Charlottenburg gelesen, in der Mommsenstraße, an einem
brütendheißen Sommerwochenende, an dem die Strand- und
Freibäder voller Menschen waren. In Charlottenburg aber
war es leer. Kein Mensch auf der Straße, kein Geräusch im
Hinterhof, nicht mal das Klappern von Tellern war zu hören.
Unweit von hier hatte Benjamin seine Berliner Kindheit ver-
bracht, und nichts, so Benjamin, »kräftigte« seine Erinne-

rung daran »inniger als der Blick in Höfe« mit ihren Loggien, die Höfe des Berliner Westens.

Kürzlich habe ich das Buch wiedergelesen. In Leipzig, wo ich seit fünfzehn Jahren unterrichte. Fünfzehn Jahre sind eine lange Zeit. Irgendwann werden meine ersten Leipziger Jahre zu meiner Leipziger Kindheit werden. Als ich jung war in Leipzig. Mit dreiundvierzig. Endlich Leipziger. Leipzig ernährt mich. Berlin hat mich nicht ernährt. Oder nur vorübergehend und ausnahmsweise. Berlin hatte nur befristete Verträge für mich übrig. Darum bin ich Berlin gegenüber auch nicht besonders sentimental. Weil Berlin mir gegenüber auch nicht sentimental war. Nichts Schöneres, als in Leipzig Benjamins *Berliner Kindheit* zu lesen und dabei auf Schleußiger Gärten zu blicken. Nichts Schöneres, als von Leipzig nach Berlin zu fahren und in meiner eigenen Stadt wie ein Fremder spazierenzugehen. Als in Kreuzberg meine Zahnärztin aufzusuchen, um danach, einmal mehr von allen Zahnsorgen befreit, in der Markthalle am Marheinekeplatz die Stände und Auslagen anzuschauen und einen Kaffee zu trinken. Allerdings entdecke hier nicht wie Walter Benjamin »Priesterinnen der käuflichen Ceres, Marktweiber aller Feld- und Baumfrüchte, aller eßbaren Vögel, Fische und Säuger, Kupplerinnen, unantastbare strickwollene Kolosse«. Leider. Ich entdecke nur eine blondierte und die BZ lesende Kellnerin, die mich nicht entdeckt, obwohl ich der einzige Kunde an ihrer Kaffeebar bin. Der Kaffee bleibt ungetrunken. Ich verlasse die Markthalle am Marheinekeplatz. Aber ich suche weiter. Irgendwo muß es doch sein, mein Berlin.

BERLIN – TERRA INCOGNITA

Es ist dies das Erbteil, es sind dies die Bildungsvoraussetzungen, welche das Kind mitbringt: zielloses Fernweh, heimatloses Heimweh, schuldlose Schuld und eine Obsession von der Welt als einer Leere, die vollgestopft ist mit Verpackungsmaterial. Eine trübe Mischung, die, zusammengenommen, den Menschen als ein sich selbst annagendes Wesen ergibt. Nicht unbedingt die beste Grundlage für einen heiteren Bildungsroman, doch beinahe schon eine Definition dessen, was für mich das Schreckbild eines Schriftstellers ausmacht. Bevor wir aber ans Schreiben denken können, kam es für das in die Leere gestellte Kind darauf an, zu Objekten zu kommen. Und damit zur Welt. Was unter anderem hieß: dem Fernweh ein Ziel geben, dem Heimweh einen Ort, der Erfahrung einen Gegenstand und dem schlechten Gewissen eine Schuld. Letzteres war noch das einfachste. Das Kind brauchte nur an den Gitterstäben seines Laufstalls zu rütteln, schon hatte es seine Schuld. Von anderen und später hinzugekommenen Vergehen wie Lügen, sündigen Gedanken, gestohlenen Groschen und nur halb gebeteten Gebeten gar nicht zu reden. Und natürlich auch nicht von all den Rohheiten und Verfehlungen der Pubertät und Adoleszenz. Die Adoleszenz und vor allem Pubertät überspringe ich – beides ist mir sozusagen immer noch peinlich. So peinlich, daß ich mich gelegentlich gedrängt fühle, darüber etwas zu schreiben. Noch aber halte ich diesem Drängen stand. Wenn ich über die Kindheit gesagt habe, daß da nichts war und daß die Erfahrung der Leere zu meiner prägendsten Kindheitserfahrung gehört, dann muß ich über die Pubertät sagen, daß da ebenfalls nichts war. Allerdings war während der Pubertät zu diesem Nichts etwas Spezielles hinzugekommen, was schließlich doch eine Zuspitzung der Situation mit sich brachte: die erwachende Sexualität. Wobei das Wort »erwachend« hier eine Wendung von sozusagen privatdozentenhafter Höflichkeit und Zurückhaltung ist. Das Erwachen war in Wahrheit gar kein Erwachen, sondern eine Art Libidoschlag ins Gesicht des gänzlich unvorbereiteten Knaben. Oder, um es nicht ganz so gewaltsam zu formulieren: das Aufschrecken durch den Daueralarm eines nicht mehr abzustellenden Weckers. Daueralarm in Ostwestfalen.

Ich will es bei diesem Hinweis belassen und setze während der ersten Studienjahre und dort wieder ein, wo an die Stelle von Heimweh und Fernweh die Namen zweier Städte gerückt waren und für lange Zeit an dieser Stelle bleiben sollten: Berlin und Rom. Genauer: Westberlin einerseits und andererseits die Gegend um den Campo de' Fiori und die um die Piazza Bologna, wo sich die Villa Massimo befindet. Als ich in Westberlin mein erstes Zimmer bezogen hatte, spürte ich wohl, daß dies keine Heimat war. Aber es war – alles in allem – die vorerst beste Heimatlosigkeit. Obwohl ich nicht übersehen konnte, daß die Stadt vor allem groß und grau und nicht besonders ansehnlich war, erleichterte es mich, in Westberlin zu sein. Ich kann allerdings nicht behaupten, daß es die Westberliner Wohnungen waren, die viel zu dieser Erleichterung beigetragen hatten. Die Westberliner Wohnungen hatten damals durchaus noch Zille-Standard. Hier konnte man Armut simulieren, wenn man als Student aus mittelständischem Elternhaus kam. Kam man aus einem eher armen Elternhaus, dann durfte man sich hier um noch einiges ärmer fühlen. Arm fühlte ich mich beispielsweise, trotz der inzwischen mittelständisch gewordenen Herkunft, in meiner Tiergartener Wohnung, die ich als Untermieter mit

einem Hauptmieter teilte und bei der es sich um eine Drei-
zimmerwohnung handelte, die allerdings als Zweizimmer-
wohnung vermietet worden war. Das dritte und schönste
Zimmer, das einen Balkon mit Blick zum Spreeufer hatte,
war aus baupolizeilichen Gründen gesperrt. Wobei mein Vermieter behauptete, daß in Wahrheit nicht das ganze Zimmer,
sondern nur ein Teil des Zimmers gesperrt sei. Das konnte
man unter anderem daran sehen, daß die Baupolizei zwei –
die zum Balkon und zu den Fenstern hin gelegenen – Drittel
des Zimmers durch ein rotweißes Absperrband abgetrennt
hatte. In dem ungesperrten Teil befand sich der Kachelofen,
und es wäre theoretisch und auch aus baupolizeilicher Sicht
ohne weiteres möglich gewesen, den Kachelofen zu heizen.
Wir taten es nicht und beheizten die bewohnbaren Räume
ganz problemlos mit elektrischen Heizspiralen, wodurch sich
die Kosten für mein Zimmer ungefähr verdreifachten, was
ich mir eigentlich nicht leisten konnte. Mein Vermieter dagegen, ein BWL-Student mit unternehmerischem Selbstent-
wurf, konnte es sich leisten, denn er hatte gerade die Lizenz
für den Vertrieb spezieller Schuhe übernommen, die es in
Westdeutschland und Berlin bisher nicht gegeben hatte und
die bald darauf zum Verkaufsschlager wurden. Bei den Schuhen handelte es sich um Modelle, die so gebaut waren, daß
die Ferse tiefer lag als die Zehen, was besonders gesund sein
sollte. Ich hatte allerdings immer das Gefühl, daß man in
diesen Schuhen beständig bergauf ging, selbst dann noch,
wenn man leicht bergab ging. Doch weder baufällige Zimmer, Außentoiletten mit vier verschiedenen und namentlich
gekennzeichneten Klopapierrollen oder Schuhe, in denen man
nur bergauf gehen konnte, verleideten mir die grundsätzliche
Erleichterung, in Berlin zu sein. Auch der Berliner selbst, der
ja sozusagen die Sollbruchstelle für die Berliner Verkehrsfor-
men darstellt, konnte mir im Grunde nichts anhaben. Weder

der Berliner Kellner noch der Berliner Hauswart, nicht der Berliner Platzwart und auch nicht der Berliner Busfahrer oder der Berliner Bademeister, obwohl sie allesamt zu meinen Angstgegnern zählen.

Wunderbarerweise konnte ich vieles von dem, was mir in Ostwestfalen äußersten Leidensdruck bereitet hätte, in Berlin leichthin ertragen. Der Berliner hatte keine Macht über mich, weil Ostwestfalen – mit anderen Worten: meine Kindheit – in Berlin keine Macht über mich hatte. Dies aber verdankte sich vor allem der Tatsache, daß Westberlin von einer Mauer und einem sich daran anschließenden Korridor, genannt DDR, umgeben war, der mich vor Ostwestfalen und vor meiner Kindheit schützte. Die Mauer war mein antiwestfälischer Schutzwall. Wenn ich nach Westberlin fuhr, mußte ich meinen Paß vorzeigen. Der nach Westberlin verzogene Ostwestfale war plötzlich ein Grenzüberschreiter, der seinen Paß vorzeigen mußte. Ein im weltpolitischen Ausnahmezustand Lebender, der sich nun endgültig den Stallmist von den Schuhen kratzte. Und ebenso empfanden auch meine Berliner Freunde und Bekannten, ob es sich nun um Westfalen, Hessen oder Schwaben handelte. Sogenannte echte Berliner, wenn es sich nicht um Hauswarte, Platzwarte, Kellner, Bademeister oder Busfahrer handelte, kannte ich nicht. Die kamen höchstens in der »BZ«, bei den »Stachelschweinen« oder in der »Abendschau« vor, nicht aber im wirklichen Berliner Leben. Und Ostberliner kannte ich natürlich erst recht nicht. Von einigen Verwandten einmal abgesehen, aber das waren auch nur Zugezogene oder ehemals Eingewiesene. Ostberlin war Teil des Korridors, Teil der Pufferzone, die dazu diente, den Raum zwischen mir und meiner Kindheit so gut wie möglich abzudichten. Westberlin schützte mich vor meiner Kindheit vor allem insofern, als es mich vor der Leere schützte. Erst später ist mir klargeworden, wie leer auch Berlin damals war. Bin ich nicht mit den Freunden des öfteren übermütig und zuweilen von Marihuana benebelt im offenen VW und zur besten Tageszeit um die Siegessäule gefahren, wieder und wieder, Dutzende Male, ohne einem einzigen Auto zu begegnen? Habe ich nicht ganze Sommernachmittage im Straßencafé Mommsenstraße, Ecke Bleibtreustraße verbracht und in die vor Hitze flimmernde Straßenschlucht geschaut, die mir damals mit ihren Gründerzeitfassaden und Kastanienbäumen unendlich urban und großstädtisch vorkam und in der keine Menschenseele zu entdecken war? Nur gelegentlich machte sich der Hausmeister von gegenüber an den Mülltonnen zu schaffen, führte eine Dame den Hund aus oder kreuzte mein bärtiger Etagennachbar auf seinem Damenfahrrad den Weg, mir ein sommerlich gelassenes »Venceremos!« zurufend. Dann herrschte wieder die Leere auf der Mommsenstraße, nur ein paar Schritte vom Kudamm entfernt. In Berlin lernte ich, die Leere zu lieben. Sie beruhigte mich und hatte nichts Panisches, wie die westfälische Leere, die mir Atemnot bereitete, mich gelegentlich auch in Erstickungsangst versetzte, als sollte ich es endlich Goethe nachtun und blau anlaufen. Die Berliner Leere war dagegen ein sicherer Ort, an dem ich mich angstlos aufhalten konnte. Sie war eine Leere ohne Tod und mit Perspektive. Keine verschraubte und vernagelte Leere wie die westfälische, sondern ein Durchgangs- und Schwellenraum. Die Berliner Leere hatte ihre architektonische Entsprechung im Berliner Zimmer, das einmal seine Funktion gehabt haben mochte, zur damaligen Zeit aber nicht sinnvoll, das heißt ökonomisch, zu nutzen war. Weder von der Kleinfamilie noch von der studentischen Wohngemeinschaft. Das Berliner Zimmer stand leer, bildete aber das Zentrum der Wohnung. Niemand hielt sich hier längere Zeit auf, aber jeder ging hindurch. Ich bin in Westberlin durch zahlreiche Berliner Zimmer hindurchgegangen, ebenso wie ich dort durch zahlreiche Erfahrungen, durch Freundschaften, die Liebe, das Studium hindurchgegangen bin, was natürlich kein Hindurchgehen, sondern bereits das Leben war. Doch weiß man in Lebensdingen oft erst hinterher, daß die Probe schon die Premiere, die Passage schon der Zustand ist. Ebenso wie ich erst hinterher wußte, daß der Zustand nur eine Passage war: gemeint ist Westberlin. Ein Blick in meinen »Vorläufigen Personalausweis« hätte genügt, um das Bewußtsein an das Provisorium Westberlin wachzuhalten. Doch ich faßte den Eintrag wörtlich auf und betrachtete nur den Personalausweis als vorläufig, nicht aber die Stadt und ihren Status. Das Unbewußte, heißt es, kennt den Tod nicht. Mein Unbewußtes kannte auch den Fall der Mauer und die deutsche Wiedervereinigung nicht. Westberlin war ewig, mußte ewig sein, solange Westdeutschland ewig war und der panische Leerraum meiner Kindheit. Ich war froh, in einem stacheldrahtumzäunten, also sicheren Bezirk zu leben. Der Feind blieb draußen. Mich beruhigte die Gewißheit, daß ich, wohin ich auch ging, immer an eine Grenze stieß. In Ostwestfalen konnte ich an klaren Tagen gelegentlich über alle Ortsgrenzen hinweg bis zum Teutoburger Wald sehen. Doch was sieht der Mensch, wenn er den Teutoburger Wald sieht? Ich sah eine Art Mittelgebirgsleere, ein weiteres Erfahrungsloch, das vorgab, eine Erhebung zu sein. In Ostwestfalen konnte ich bei schönem Wetter einen Ausflug machen. Doch wohin führte mich der Ausflug? Entweder nach Bielefeld oder Gütersloh. In Westberlin dagegen konnte man auch an klaren Tagen nicht sehr weit sehen. Und wenn ich doch einmal in Grenznähe ging, um über die Stadtgrenze hinauszublicken, dann sah ich sehr bald in ein auf mich gerichtetes Fernglas. Daß ich an der Stadtgrenze von den Grenzern beobachtet wurde, störte mich nicht sonderlich. Es war mir höchstens ein wenig peinlich. Doch neben der Peinlichkeit gab es mir auch das Gefühl historischer Gegenwärtigkeit. Meine Grenznähe hatte sozusagen historische Brisanz. Das Gefühl dieser Brisanz verstärkte sich noch, als ich von Charlottenburg nach Kreuzberg zog und nun in Mauernähe lebte. Jetzt hatte auch mein Weg zum Briefkasten historische Brisanz, denn er war es den Grenzern wert, mich mit dem Fernglas zu beobachten. Was wollte ich mehr. Ich lebte in historischer Indifferenz und war doch historisch bedeutsam. Die spezielle Westberliner Situation erlaubte es einem melancholischen, geschichts- und beinahe ichlosen Ostwestfalen, sich lebendig und zeitgeschichtlich präsent zu fühlen. Ein hoher Preis, ließe sich einwenden: Ein ganzes Land einschließlich Hauptstadt zu halbieren und ein halbes Volk einzusperren, nur damit ein verstockter Ostwestfale ein Geschichtsgefühl hat. Aber um eine historische Betrachtung geht es hier nicht; es geht einzig um Lebenserfahrungen und Wahrnehmungsweisen, die irgendwann in den Vorsatz münden, sich dem eigenen Selbst sowie der Welt vorzugsweise schreibend zu nähern. Es geht um die Erschaffung des Autors aus dem Geist der Leere. Die westfälische Leere hatte mich schweigend gemacht. Die Westberliner Leere erlaubte es mir, ein Tagebuch zu beginnen, in dem ich, bald nachdem ich am Protokoll meines Alltags gescheitert war, erste Gedichte notierte. Ich war durch das Berliner Zimmer hindurchgegangen und beim Gedichteschreiben angekommen. Ich bin dann noch viele Male durch das Berliner Zimmer hindurchgegangen, um auch beim Prosaschreiben anzukommen. Allerdings vergeblich. Entweder ich verstummte gänzlich, oder aber die Zeilen brachen mir gleichsam unter der Hand weg und reihten sich eigenmächtig zu Gedichtzeilen auf. Die Lyrik hatte ich gefunden, ohne nach ihr gesucht zu haben. Die Prosa mußte ich suchen, und ich tat dies zuerst als Leser und Germanistikstudent. Wobei ich als Germanistikstudent für längere Zeit nicht die Prosa fand, sondern die Sekundärliteratur. Und dies nicht etwa zu meinem Mißvergnügen. Im Gegenteil: Die Theorielastigkeit und der Soziologismus der Germanistik der siebziger und frühen achtziger Jahre kamen mir entgegen. Ich las und lebte nach dem Motto: Je mehr Fußnoten, desto besser. Lieber noch als Literatur las ich Literatur über Literatur. Lieber als einen Kafka-Roman las ich eine Kafka-Biographie. Lieber als eine Thomas-Mann-Erzählung einen Aufsatz über Thomas-Mann-Erzählungen. Lieber als ein Rilke-Gedicht eine Bibliographie mit Angaben zu Rilke-Interpretationen. Auch heute noch, ich gestehe es, begebe ich mich regelmäßig in die Leipziger Universitätsbibliothek oder in den Lesesaal der Freien Universität einzig zu dem Zweck, im jeweils neuesten Band von Eppelsheimers und Köttelweschs »Bibliographie der deutschen Sprach- und Literaturwissenschaft« zu lesen. Das Geheimnis des Schreibens und der Literatur teilte sich mir dort freilich nicht mit. Der verborgene Raum des Schreibens konnte sich mir, wenn überhaupt, nur in actu, nur schreibend offenbaren. Insofern bin ich auch durch ein Berliner Zimmer namens »Literaturwissenschaft« hindurchgegangen, um am Ende eine unscheinbare Kammer in der Nähe der Küche zu beziehen. Schließlich braucht es zum Gedichteschreiben keinen Salon. Dem Lyriker genügt der Dienstmädchenbereich. Wenn ich dort, in der sprichwörtlichen Kammer, die natürlich wechselte und auch mal ein Wohngemeinschaftszimmer oder ein Neubauapartment sein konnte, Gedichte schrieb, dann war ich insofern in meinem Element, als die Lyrik es mir erlaubte, die Welt in Ausschnitten und bruchstückhaft zu betrachten. Die Defizienz der Wirklichkeitswahrnehmung, die ich als familiäres Erbe mit nach Berlin gebracht hatte, verbündete sich außerordentlich gut mit der lyrischen Gattung. Man kann mit Gedichten keine Welten erschaffen. Aber man kann der Welt einzelne Splitter entnehmen und diesen Bedeutung verleihen. Das Schreiben eines Gedichts läßt sich darum auch negativ definieren: als Arbeit des Ausblendens, Verschweigens und Nicht-Sehens; als ein Schließen der Lider bis auf einen schmalen, lichtdurchlässigen Spalt. Dieser schmale, lichtdurchlässige Spalt hat mir lange Zeit genügt. Für das Gedicht und wohl auch für Berlin. Wo konnte man besser an der Wirklichkeit vorbeileben als im gewissermaßen real-symbolischen Zustand des geteilten Berlin. Einerseits habe ich in Berlin während beinahe dreißig Jahren vieles nicht gesehen, was ich eigentlich hätte sehen müssen, um andererseits zugleich von irgendeinem Detail oder Ort wie besessen zu sein: Die Krumme Lanke kannte ich lange nicht, hatte aber schon unzählige Male den Grunewaldsee umrundet, noch immer über das märkische Landschaftsbild staunend, diese Nachbildung eines Gemäldes von Walter Leistikow, oder über das krumme und kurfürstliche Kopfsteinpflaster im Hof des Jagdschlosses Grunewald. Wohl hatte ich meine Stammplätze und ging meine festen Pfade, doch war es zugleich nicht ausgeschlossen, daß ich mich in einem überschaubaren Viertel wie Friedenau, in dem ich beinahe zehn Jahre gelebt hatte, noch immer verlief. Beides freilich kann für einen Lyriker durchaus sinnvoll sein: sowohl die ›Fähigkeit‹, die Fülle und Komplexität der Welt zu negieren und sie gegebenenfalls der Wahrnehmung eines Details zu opfern, als auch die ›Kompetenz‹, sich im eigenen Haus zu verirren. Das Nichtsehen, davon bin ich überzeugt, kann ein durchaus produktives Moment literarischer Wahrnehmung sein. Zu den Dingen, die ich in Berlin viele Jahre nicht gesehen habe, gehört zum Beispiel die Pfaueninsel. Ich hatte bestimmt schon zwanzig Jahre in Berlin gelebt, ohne die Pfaueninsel gesehen zu haben. Und ich hatte an dem Tag, als ich zum erstenmal die Fähre am Ende des Nikolskoer Weges nahm, um die wenigen Meter zur Insel hinüberzusetzen, das unbehagliche Gefühl, ich würde mich nun einer zukünftigen Möglichkeit, wenn nicht der Zukunft überhaupt berauben. Denn ich befürchtete, daß Erfahrung Verarmung bedeutet. Ich hätte mir die Pfaueninsel gern ›offengelassen‹, so wie ich mir auch andere Dinge in Berlin offengelassen habe. Ich habe zum Beispiel erst Ende der neunziger Jahre und anläßlich des Besuches der Love Parade zum erstenmal die Mittelinsel auf dem Ernst-Reuter-Platz betreten. Ich hatte mir die Mittelinsel auf dem Ernst-Reuter-Platz bis dahin immer offengelassen. Das mag für einen Außenstehenden ein läßliches Versäumnis sein. Ich habe allerdings während der beinahe dreißig Jahre, die ich in Berlin lebe, auch noch nie die Kaiser-Wilhelm-Gedächtniskirche betreten. Obwohl ich ein passionierter Kudamm-Gänger bin. Ich habe es immer als eine meiner festen und typischen Westberliner Gewohnheiten betrachtet, die Kaiser-Wilhelm-Gedächtniskirche nie betreten zu haben. Darüber hinaus habe ich auch noch nie den Funkturm oder das Café Kranzler betreten, wobei ich aber sagen muß, daß ich mir das Café Kranzler niemals offengelassen hatte. Das Café Kranzler gehört zu den Berliner Orten, die gewissermaßen außerhalb meines Systems von Wahrnehmung und Nichtwahrnehmung existierten. Offengelassen hatte ich mir in gewisser Weise auch immer den Teil Berlins, den ich von jeher nur als verriegelten kannte: nämlich Ostberlin oder die »Hauptstadt«, wie wir damals gern und den offiziellen Sprachgebrauch der DDR imitierend sagten. Meine Freunde und Bekannten fuhren oft in die »Hauptstadt«, ich aber hatte dazu meistens gerade keine Zeit, was natürlich nicht stimmte. Oder es stimmte in einem anderen Sinne und insofern, als es mir am Bewußtsein der historischen Zeit mangelte. Mein

System von Wahrnehmung und Nichtwahrnehmung, in dem Ostberlin auf die Seite der Nichtwahrnehmung geraten war, hatte keine Sensoren für die historische Zeit. Ich hatte im Wortsinne keine Geschichtszeit. Nicht nur Westberlin war ewig, solange Ostwestfalen ewig war. Auch Ostberlin war ewig. Einschließlich der gesamten DDR. Ich hatte mir Ostberlin und die DDR offengelassen und war zugleich immer davon ausgegangen, daß sich die vom Westen abgeschottete DDR in gewissem Sinne auch mich offengelassen hatte. Nach Ostberlin konnte man als Westberliner irgendwann ein wenig umstandsloser einreisen als in den Rest des Landes, aber ich wollte Ostberlin nicht besuchen, weil ich es ja immer noch tun konnte. Ich konnte noch mein ganzes Leben lang Ostberlin besuchen. Und wenn ich dem Unbewußten vertraute, das ja, wie gesagt, den Tod nicht kennt, konnte ich sogar noch darüber hinaus und bis in alle Ewigkeit Ostberlin besuchen. Doch ich wollte nicht nach Ostberlin. Ich wollte den »Korridor« und die »Zone« nicht mit Leben und nicht mit Erfahrung erfüllen. Daß ich dann doch gelegentlich und gar nicht einmal so selten aus beruflichen oder privaten Gründen Ostberlin und auch die DDR besucht habe, änderte nichts daran, daß es auf meiner inneren Landkarte weiterhin Terra incognita blieb. Gegenstand der Nichtwahrnehmung. Ich habe Ostberlin und die DDR im hegelschen Sinne niemals anerkannt. Erst der Fall der Mauer hat mich gelehrt, daß Erfahrungen nicht beliebig aufschiebbar sind, sondern ihre Zeit haben.

Nun fuhr ich des öfteren in den Osten der Stadt und wünschte mir, alles wenigstens einmal noch, nur ein einziges Mal noch wahrnehmen zu können. Und schließlich trauerte ich auch dem Gefühl nach, »über die Grenze« und »durch die Mauer« zu gehen, am Übergang Friedrichstraße zumeist, gelegentlich aber auch, was sozusagen ebenso schön war, am

Moritzplatz oder am Übergang Invalidenstraße. Ich wäre, nachdem die Mauer gefallen war, sehr gern noch einmal »über die Grenze« und »durch die Mauer« gegangen, was selbstverständlich kein politischer, sondern ein bloßer Wahrnehmungswunsch war. Doch die Wahrnehmungschance war verpasst.

Es gehört zur Logik der Sache, daß mit der Öffnung der Mauer nicht nur das eingemauerte Ostberlin, sondern auch Westberlin samt dem damit verbundenen jeweiligen Lebensgefühl aus der Alltagswirklichkeit Geschichte geworden war. Nicht nur das gelbliche Straßenlicht auf der Schönhauser Allee, das Herbstlaub in Köpenick, das legendäre Desinfektionsmittel am Grenzübergang Friedrichstraße, der dürftige Autoverkehr Unter den Linden waren für immer in die Historie übergewechselt. Auch der Grunewaldsee beispielsweise, ein für meine Gefühle urwestberliner Gewässer, das mir immer äußerst geschichtsresistent erschien, sollte nach dem Herbst 1989 nicht mehr der sein, der er vorher war. Gehe ich heute um den Grunewaldsee, dann bilde ich mir ein, im Wasser einen wiedervereinigten Himmel sich spiegeln zu sehen, und auch die Spaziergänger kommen mir zwar nicht wiedervereinigt, aber doch anders und mehr und mehr unwestberlinerisch vor. Von den Hunden gar nicht zu reden.

Nun, nachdem alles getan und die Teilung der Stadt aufgehoben war, schlug die Stunde der Geschichtsschreibung – oder die der Literatur. Allerdings – ich spreche von den frühen neunziger Jahren – ist niemand aus der Staubwolke, die der Fall der Mauer hinterlassen hatte, mit gewissermaßen herausgeklappten Flügeln herausgetreten, um den epochalen Berlin-Roman zu präsentieren, der alles das, was gewesen war, für die Zukunft bewahrte beziehungsweise auf neue und gültige Weise erfand. Wohl habe ich mir ein faustgroßes Mauerstück mit attraktiven Grafittispuren auf die Friedenauer Fensterbank gelegt, aber zum Schreiben im emphatischen Sinne – von einigen Gedichten abgesehen – hat mich das historische Ereignis vor der eigenen Haustür nicht veranlaßt. Ich habe den Verlust Westberlins, wenn ich die Wiedervereinigung einmal so nennen darf, in gewisser Weise verschoben verarbeitet, in dem sich mir plötzlich der Verlust meines ältesten Bruders im Jahr 1945 aufdrängte. Er wurde nun für mich, das heißt für meinen damaligen Schreibzustand, zu einer aktuellen Erfahrung, die verarbeitet werden mußte. Und ich schließe nicht aus, daß das Aktuellwerden dieser weit zurückliegenden Verlustgeschichte auch etwas mit den Umbrüchen der damaligen deutschen und Berliner Gegenwart zu tun hatte. Darum ist auch nichts törichter, als der Literatur sogenannte aktuelle Themen abzufordern oder gar unmittelbare Reaktionen auf die Gegenwart. Ich bin überzeugt davon, daß die Literatur immer auf die Gegenwart reagiert – egal wovon sie handelt. Denn die Bewegungen und Erschütterungen des Augenblicks konfrontieren nicht nur mit der Gegenwart, sie können ebensogut die Vergangenheit herausfordern. Und auch die literarische Auseinandersetzung mit letzterer ist ein Dialog mit dem Gegenwärtigen, ein heutiges Hineinsprechen in das Jetzt. Insofern fühlte ich mich ganz auf der Höhe der Zeit, als ich mich, während am Potsdamer Platz die ersten Baumaschinen auffuhren, dem Thema Flucht und Vertreibung und der Nachkriegszeit in Ostwestfalen zuwandte. Berlin konnte warten. Berlin wartet noch immer.

[2000]

KLEINE BERLINKUNDE – DREI GLOSSEN

1. Was die Kenner nicht wissen können

Es vergeht beinahe kein Tag, an dem der überregional interessierte Berliner Zeitungsleser nicht einen Insiderbericht und eine Trendmeldung über Berlin lesen kann. Diese Insiderberichte und Trendmeldungen sind von Berlinkennern verfaßt, die in der Regel erst kürzlich zu Berlinkorrespondenten und Berlinkennern ernannt worden sind und nun nicht nur ihr angestammtes Leserpublikum in Hamburg, München, Frankfurt oder sogar Zürich, sondern auch die Berliner selbst und also auch mich über Berlin informieren.

Jemand wie ich, der sich für einen nicht nur gelernten, sondern auch ausgelernten Berliner hält, was man nur tun darf, wenn man wenigstens seit einem Dutzend, aber besser noch seit zwei Dutzend Jahren in Berlin ansässig ist, liest diese neuesten Berichte nicht ohne einen gewissen Unmut darüber, daß sich alle möglichen Nicht- oder Neuberliner nun so außerordentlich gut in Berlin auskennen. Dürfen die das überhaupt, sich so gut auskennen?

Ist das nicht unverschämt, diese Berlin-Bescheidwisserei? Ich, der ich mir schon seit Jahren vorgenommen habe, endlich einmal ins Borchardts zu gehen oder mir in den Sophiensälen eine Choreographie anzuschauen, muß nun lesen, daß jeder, der ins Borchardts gehe, genausogut in die Paris Bar gehen könne, was nun wirklich keine Kunst sei, und daß in den Sophiensälen – wo sind die überhaupt? – gerade die heroische Epoche der Choreographien, die man gesehen haben muß, zu Ende gehe.

Glücklicherweise gibt es noch andere echte Berliner wie

mich, die weder in den Sophiensälen noch im Borchardts und auch nicht – zumindest »nicht wirklich« (not really) – in der Paris Bar waren. Und die logischerweise noch nicht einmal ahnen, daß man dort gar nicht mehr hingeht. Ich kenne echte Berliner, Westberliner versteht sich, die nicht nur nicht wissen, daß die Berliner Volksbühne nicht identisch mit der Freien Volksbühne ist (und darum auch vom U-Bahnhof Spichernstraße aus nicht zu Fuß aufgesucht werden sollte), sondern die auch noch immer der festen Überzeugung sind, ihr Schiller-Theater-Abonnement zu beziehen. Nur sind sie in den letzten Jahren nicht dazu gekommen, dieses auch zu nutzen. »Ich schaffe es einfach nicht«, sagt mein Steglitzer Nachbar, der früher einmal in Lankwitz gelebt hat, »würde aber gern.«

Speziell in Lankwitz, aber auch in Steglitz und selbst in Friedenau kenne ich Leute, die noch immer keine Ausflüge ins Umland machen, weil sie, so ein Friedenauer Bekannter, »an der Grenze nicht dumm angequatscht« werden wollen. Derselbe Friedenauer Bekannte, bei dem es sich allerdings, das sei zugegeben, um einen Sonderfall handelt, weil er Friedenau nur im Notfall verläßt, derselbe Friedenauer Bekannte also erzählte mir ebenfalls, daß er im Fernsehen gesehen habe, daß am Reichstag noch immer lange Schlangen stünden, dabei sei der Christo doch längst »über alle Berge«. »Auf und davon, und zwar mit einem Haufen Schulden«, sagte der Friedenauer Bekannte nicht ohne eine gewisse Genugtuung.

Daß im inneren Dahlem, zwischen der Gelfertstraße und Auf dem Grat, gelegentlich ältere Personen, Akademiker zumeist, auf der Suche nach dem nächsten Besucherbüro herumirren, um ein Visum zu beantragen, weil sie sich nach dreißigjährigem Zögern nun endlich dazu entschlossen haben, einmal nach Ostberlin zu fahren, um ins Berliner Ensemble zu gehen und dort die Weigel zu sehen, halte ich allerdings für eine Übertreibung.

Nicht übertrieben aber ist es, wenn ich behaupte, daß man bestimmte Berlinerfahrungen nur machen kann, wenn man auch über dementsprechende Lebenserfahrungen verfügt. Nur wer lange genug in Berlin gelebt hat, der kann auch von sich behaupten: »Seit zwanzig Jahren in Berlin, und noch nie auf der Pfaueninsel gewesen.« Das müssen sie erst einmal schaffen, die neuen Kenner und Korrespondenten.

[1999]

2. Schöne Zeit

Während der Zeit, in der Eberhard Diepgen regierte, lebte ich in Friedenau. Ich habe während dieser Jahre Friedenau nur selten verlassen. Gelegentlich bin ich nach Dahlem in die Freie Universität gefahren, um mir das Kommentierte Vorlesungsverzeichnis der Germanisten zu kaufen und nach neuen Studentinnen Ausschau zu halten. Und ab und zu bin ich auch nach Charlottenburg gefahren, um ins Kino zu gehen. Ich hätte aber genausogut am Bundesplatz oder in der Sieglindestraße ins Kino gehen können und habe dies auch oft genug getan. Ich hatte damals in Friedenau und in den Jahren, in denen Eberhard Diepgen regierte, im Grunde alles, was ich zum Leben brauchte. Kinos, Buchläden, das Café am S-Bahnhof Friedenau, einen Angelladen, eine grüne Abgeordnete und mehrere Schriftsteller in der Nachbarschaft, darunter einen zukünftigen Nobelpreisträger mit Cordjacke und Schnauzbart. Außerdem bezog ich eine durchaus angemessene Arbeitslosenhilfe, für die ich mich nicht zu schämen brauchte. Ich besaß auch ein Fahrrad, das ich vor dem Haus am Zaun angebunden hatte und das mir niemals gestohlen wurde. Mit dem Fahrrad bin ich in der Zeit, in der Eberhard Diepgen regierte, auch immer ins Schwimmbad gefahren. Allerdings nicht ins Schwimmbad Friedenau, das während der

Amtszeit von Eberhard Diepgen zu bauen unterlassen worden war, sondern ins Sommerbad Wilmersdorf. Das Sommerbad Wilmersdorf liegt gleich neben dem Stadion, das der Berliner ebenso wie das Sommerbad *Lochowdamm* oder *Lochodamm* oder einfach auch nur *Lochow* beziehungsweise *Locho* nennt. Eigentlich handelt es sich bei dem ganzen Gelände um einen Trümmerberg, der nun aber dem Vergnügen der Berliner und lange Zeit auch meinem Vergnügen diente. Zwar machte das Stadion viele Jahre einen eher vernachlässigten Eindruck, die Tribünen waren eingefallen, die Sitzbänke vermodert, dafür war an seiner Ostecke ein kleiner Weinberg angepflanzt worden, der auch, soweit ich weiß, während der Jahre, in denen Eberhard Diepgen regierte, nicht ohne Ertrag war. Wenn ich in dem Stadion an warmen Sommerabenden meine Runden gelaufen bin, dann lag oft eine mediterrane Aura über dem Gelände. Eine Aura, der auch die Schornsteine der nahe gelegenen Müllverbrennungsanlage während der Jahre, in denen Eberhard Diepgen regierte, im Grunde nichts anhaben konnten.

[2001]

3. Am Grunewaldsee

»Mortimer«, ruft die elegante Dame, doch Mortimer ist verschwunden. Wahrscheinlich hat er sich mit irgendeinem Lumpi oder Seppl in die Büsche geschlagen. Es wäre nicht das erstemal, daß sich ein irischer Setter mit einem deutschen Rauhhaardackel vergnügt. Die Dame wird unruhig und spricht eine andere Dame an, die in Begleitung eines Windhunds gekommen ist. Die Dame mit dem Windhund hat Mortimer nicht gesehen, und auch der junge Mann mit der Strickmütze und dem halstuchgeschmückten Mischling hat Mortimer nicht gesehen, obwohl die Dame ihn gar nicht gefragt hat. »Ich habe Ihren Hund auch nicht gesehen«, sagt der junge Mann mit der Strickmütze, worauf die elegante Dame nichts sagt und sich wieder der Dame mit dem Windhund zuwendet, die gerade im Begriff gewesen ist, sich von ihr abzuwenden, weil sie meinte, die elegante Dame und der junge Mann mit der Strickmütze gehörten zusammen. »Mortimer«, ruft die elegante Dame noch einmal in Richtung des Waldweges und des Imbißwagens, doch Mortimer bleibt verschwunden. »Wahrscheinlich ist er am Imbißwagen«, sagt der junge Mann ungefragt, während er einen Stock in den See wirft, dem der Mischling sogleich nachspringt. Bei dem Wort »Imbißwagen« zucken sowohl die elegante Dame mit dem Windhund wie auch die Besitzerin Mortimers ein wenig zusammen. »Beim Imbißwagen«, sagt ein intellektuell aussehender Mann mittleren Alters, der die Szene bis jetzt ebenso schweigend beobachtet hatte wie sein schwarzer Cockerspaniel, »beim Imbißwagen halten sich normalerweise nur die Schäferhunde auf.« »Der Imbißwagen«, fährt der Mann fort, »ist für einen Hund, der kein Schäferhund ist, in gewisser Weise ein Sperrgebiet.« Er jedenfalls habe schon seit Wochen nur noch Schäferhunde am Imbißwagen gesehen, und wo sich die Schäferhunde erst einmal eingenistet hätten, da würde man sie auch nicht mehr wegbekommen. »Der Schäferhund«, sagt der intellektuell aussehende Mann mit merklich steigender Erregung, »ist in Wahrheit ein Parasit, ein Abfallfresser und Mülltonnenplünderer.« »Ich lasse mich doch nicht beleidigen«, ruft plötzlich ein Mann in einem grünen Lodenmantel dazwischen, »das wäre ja noch schöner.« »Sind Sie etwa ein Schäferhund?« fragt der intellektuell aussehende Mann boshaft zurück. »Ich bin ein Deutscher, genau wie Sie ein Deutscher sind«, sagt der Mann im Lodenmantel, worauf die Dame mit dem Windhund zu der anderen Dame sagt, daß sie jetzt lieber gehe, und eilig samt Hund den

Hundestrand verläßt. Die zweite Dame bleibt ratlos zurück. Während der Windhund schon die Holzbrücke überquert hat, die das eine Seeufer mit dem anderen Seeufer verbindet, hört man noch einmal, nun schon ein wenig furchtsamer, die Worte »Mortimer! Mortimer!«. Doch Mortimer bleibt verschwunden.

[1995]

GRENZÜBERGANG

Dann verstand ich endlich,
daß die Feuchtigkeit für mich
gemacht war, der kalte Wind und
die steifen Knie. Alles braucht

seine Zeit, der Nagel, die
Schlinge, das Loch in der Brust,
und nichts bleibt so frisch wie die
Angst, die noch kommt. Augen auf,

brüllten sie noch, und bloß
keine Tränen, du bist nicht der
erste mit so viel Dreck an den
Schuhen und so wenig Gepäck.

[1984]

HALBES LIEBESLIED
FÜR BERLIN

HALBES LIEBESLIED FÜR BERLIN

Mit einer Handvoll Dreck
unter der Zunge, singe ich dir
ein halbes Liebeslied.

Der Himmel malt mir Schatten
auf die Lunge; die Stacheldrähte
zittern, denn es zieht.

Hier kau ich Pflastersteine
anstatt Brot. Hier leb ich halb –
woanders wär ich tot.

[1987]

BERLINER ARBEITEN

Meine erste Berliner Arbeit bestand darin, in einer Spandauer Getränkefabrik leere und zur Wiederverwendung bestimmte Mineralwasserflaschen zu kontrollieren. Nachdem ich die Arbeit morgens um sechs angetreten hatte, beendete ich sie um zwölf Uhr, um mich nach einer anderen umzusehen. Der für mich zuständige Vorarbeiter hatte mir bereits zwei Stunden nach Arbeitsbeginn prophezeit, daß ich in dieser Fabrik nicht alt werden würde, denn ich hatte darum gebeten, austreten zu dürfen. Zum Austreten, sagte der Vorarbeiter, seien die Pausen da. Nur in ganz dringenden Fällen dürften die Mitarbeiter auch während der Arbeitszeit austreten. Als ich dem Vorarbeiter sagte, daß es sich um einen dringenden Fall handele, wandte er sich an einen Mann im weißen Kittel und besprach mit diesem mein Anliegen. Schließlich kamen beide zu mir an das Band, und der Mann im weißen Kittel sagte, daß die Mitarbeiter in dringenden Fällen austreten dürften, daß mein Platz am Band aber nicht unbesetzt sein dürfe und er deshalb einen Vertreter für mich suchen müsse. Der Vertreter sei ein sogenannter Springer, der für diese Abteilung zuständige Springer sei aber anderswo eingesetzt und nicht abkömmlich. Also müßte nicht nur für mich, sondern auch für den normalerweise für mich einspringenden Springer ein Ersatzmann gefunden werden und am Ende gerate der Produktionsablauf durcheinander, darum rate er dringend, mich bis zur Mittagspause zu gedulden. Ohne eine Antwort abzuwarten, verließen mich die beiden Männer, so daß ich nach einiger Zeit erneut den Vorarbeiter zu mir rief und mein Ansinnen wiederholte. Darauf sagte der Vorarbeiter, daß er niemandem verbieten könne auszu-

treten, daß ich aber, das könne er mir jetzt schon prophezei-
en, in diesem Betrieb nicht alt würde. Nach ungefähr zwanzig Minuten löste mich ein junger Mann ab, bei dem es sich
um den anderweitig eingesetzten Springer handeln mußte.
Ich suchte die Toilette auf, erleichterte mich, kehrte an das
Band zurück und spürte bereits nach kurzer Zeit einen ebenso großen Harndrang wie zuvor, so daß mir nichts anderes
übrigblieb, als den Vorarbeiter ein weiteres Mal um eine Pause zu bitten, worauf dieser schweigend davonging und mit
dem Abteilungsleiter sowie dem Springer zurückkehrte, der
auch sofort meinen Platz einnahm. Der Abteilungsleiter sagte, daß ich zuerst die Toilette aufsuchen und danach in sein
Büro kommen solle, um die Arbeitspapiere abzuholen. Ich
könne aber auch, so der Abteilungsleiter, zuerst in sein Büro
kommen und danach die Toilette aufsuchen. Wenn ich allerdings zuerst in sein Büro käme, könne ich nicht mehr die
Betriebstoilette aufsuchen, denn dann sei ich eine fristlos
gekündigte Aushilfskraft und hätte umgehend das Betriebs-
gelände zu verlassen. Daraufhin antwortete ich, daß ich zuerst die Toilette aufsuchen und danach in sein Büro kommen
wolle, worauf er sagte, daß er mir das nicht verbieten könne,
denn es gebe das von der Gewerkschaft und vom Betriebs-
rat durchgesetzte Recht, daß ein Mitarbeiter in dringenden
Fällen auch während der Arbeitszeit die Toilette aufsuchen
dürfe, und solange er mir die Papiere noch nicht ausgehän-
digt habe, würde dieses Recht auch für mich gelten. Daraufhin ging ich zuerst auf die Toilette und nahm dann die Papiere in Empfang, die mir der Abteilungsleiter nicht persönlich
übergab, sondern von einer Sekretärin aushändigen ließ. Am
nächsten Tag suchte ich in aller Frühe das Arbeitsamt für
kurzfristige Arbeitsvermittlungen in der Nähe des Funkturms
auf, wo ich für einen Ein-Tages-Job eingeteilt wurde, der noch
am selben Tag beginnen sollte. Bei dem Ein-Tages-Job han-

delte es sich um einen Einsatz in den unterirdischen Lebensmittellagern der Stadt. Ein Kleinbus brachte mich und meine Kollegen ins nördliche Moabit, wo wir auf dem Gelände eines Güterbahnhofes von einem Senatsmitarbeiter empfangen wurden, der uns in die Arbeit einweisen sollte. Der Senatsmitarbeiter führte uns in den verwahrlosten hinteren Teil des Geländes zu einem Eisentor, das sich unter einer mit Unkraut bewachsenen und baufälligen Laderampe befand. Bevor er das Tor öffnete, sagte er, daß wir uns vor einem der Lebensmittel- und Vorratslager befänden, die der Senat angelegt habe, um im Falle einer neuerlichen Berlin-Blockade über genügend Vorräte zu verfügen. Diese Lebensmittel- und Vorratslager gebe es in verschiedenen Bezirken der Stadt und wir seien gehalten, dies als eine vertrauliche Information zu betrachten. Dann öffnete er das Tor und führte uns in ein unterirdisches Gewölbe, das mit weiteren unterirdischen Gewölben verbunden war, in denen nicht nur Lebensmittel, sondern auch Fahrräder, Wolldecken und Klosettschüsseln aufbewahrt wurden. Am meisten interessierte mich und meine Kollegen das Gewölbe mit den Fahrrädern, die hier zu Hunderten mit längsgestelltem Lenker und in Pappe verpackt auf die nächste Berlin-Blockade warteten. Sehr zur Enttäuschung meiner Kollegen, die ebenso wie ich bereits über den Gratiserwerb eines dieser Fahrräder nachgedacht hatten, verließen wir das Fahrradlager wieder und wurden in das sogenannte Konservenlager geführt, in dem Tausende Zwanzig-Kilo-Dosen mit Marmelade, Gurken und Sauerkraut lagerten. Diese Dosen wurden regelmäßig erneuert, und unsere Arbeit sollte darin bestehen, die alten Marmeladedosen hinaus- und neue Marmeladedosen hineinzutragen. Auf unsere Frage, woran die alten Marmeladedosen zu erkennen seien, sagte der Senatsmitarbeiter, daß alle Marmeladedosen in diesem Lager alte Marmeladedosen seien und daß wir also alle Mar-

meladedosen hinauszutragen und gegen neue Marmeladedosen auszutauschen hätten. Am deutlichsten würde man es
den Marmeladedosen mit den Rostschäden ansehen, daß
es sich um alte Marmeladedosen handle. Es gehe aber keinesfalls darum, nur die Dosen mit den Rostschäden auszutauschen, sondern alle Marmeladedosen. Er betone dies so
deutlich, sagte der Senatsmitarbeiter, weil beim letzten Ar-
beitseinsatz die von einer studentischen Arbeitsvermittlung
vermittelten Arbeitskräfte nur die Dosen mit den Rostschäden ausgetauscht hätten, was zu einem ziemlichen Durcheinander und einer erheblichen Mehrarbeit geführt habe. Das
habe natürlich daran gelegen, daß es sich damals ausschließlich um studentische Hilfskräfte gehandelt habe. Den studentischen Hilfskräften sei es gegen den Strich gegangen, auf
den ersten Blick intakte Marmeladedosen gegen andere Marmeladedosen auszutauschen, und er habe ihnen lang und
breit erklären müssen, daß es sich nicht nur um ein Lagerungs-
problem, sondern auch um ein politisches Problem handele.
Es sei in der Tat so und er gebe dies auch ganz offen zu, daß
bei dem Austausch der verschiedenen Lebensmittel immer
auch unverdorbene Lebensmittel ausgetauscht werden müßten. Das habe damit zu tun, daß diese unverdorbenen Lebensmittel nach einer gewissen Lagerzeit als verdorbene anzuse-
hen seien, denn der realen Lagerzeit müsse immer noch die
Zeit hinzugerechnet werden, die er die potentielle Lagerzeit
nenne. Die potentielle Lagerzeit sei die Zeit, die die Ware,
wenn sie im unverdorbenen Zustand nicht ausgetauscht würde, bis zum nächsten regulären Austausch oder aber einer
eventuellen Berlin-Blockade hier lagere. Dies sei, so der Senatsmitarbeiter, kein Problem, wenn beispielsweise und einmal auf unseren Fall bezogen morgen eine Berlin-Blockade
verhängt würde. Wenn morgen eine Berlin-Blockade verhängt
würde, stünden die heute ausgetauschten Lebensmittel eben

morgen für die Versorgung der Bevölkerung bereit. Wenn die Berlin-Blockade aber nicht einen Tag nach dem regulären Austauschtermin, sondern einen Tag vor dem regulären Austauschtermin verhängt würde, dann sei dies weitaus problematischer, da die Lebensmittel wohl noch nicht gänzlich verdorben seien, die Verfallsgrenze aber schon überschritten hätten. Und logischerweise würde die Bevölkerung während einer Berlin-Blockade nicht an einem einzigen Tag mit allen zur Verfügung stehenden Lebensmitteln versorgt werden, sondern nach und nach. Dies gelte insbesondere für Marmelade, die man sich schließlich nicht kiloweise aufs Brot schmieren wolle oder könne. Denn der reguläre Austauschtermin sei so terminiert, daß nicht alle, wohl aber einige der Lebensmittel bereits schadhaft seien, wenn sie ausgetauscht würden. Denn erstens ließen sich ein Austausch und die damit notwendigerweise einhergehende Vernichtung von gänzlich unverdorbenen Lebensmitteln politisch nicht durchsetzen und zweitens sei es auch höchst unwahrscheinlich, daß eine Berlin-Blockade ausgerechnet einen Tag vor dem nächsten fälligen Austauschtermin verhängt würde. Dann überließ uns der Senatsmitarbeiter unserer Arbeit, die darin bestand, daß wir die alten Marmeladedosen bis vor das Eisentor schleppten und auf Holzpaletten stapelten, welche dann von einem Gabelstapler abgeholt und weiterverladen werden sollten. Die Arbeit war insofern äußerst anstrengend, als die Dosen nicht nur schwer und unhandlich waren, sondern auch mit einem klebrigen Marmeladefilm versehen. Etliche Dosen waren schon so weit durchgerostet, daß die Marmelade aus ihnen heraustropfte, was einige meiner Kollegen wiederum so gegen die Marmeladedosen einnahm, daß sie diese nicht auf die Palette stapelten, sondern ungeniert auf den Boden neben die Palette fallen ließen, so daß sie an den bereits durchgerosteten Schweißnähten aufplatzten. Auch die Tatsache, daß es sich bei der Marmelade ausschließlich um Erdbeermarmelade handelte, wirkte sich nachteilig auf die Stimmung meiner Arbeitskollegen aus. In gewisser Weise fühlten sie sich von der Aussicht, im Notfall nur mit einer einzigen Marmeladensorte versorgt zu werden, persönlich gekränkt, was zur Folge hatte, daß sich mit der Zeit ein ansehnlicher Blech- und Marmeladehaufen vor dem Eingang des Lagerraums auftürmte. Der Unmut meiner Kollegen kam mir insofern entgegen, als ich mir schon nach dem Transport der dritten Dose ein Lendenwirbelsyndrom zugezogen hatte, welches mir mit jeder weiteren Dose mehr zu schaffen machte. Wobei das Problem nicht so sehr der Transport der Dose als vielmehr das Aufheben und Absetzen war. Auf schmerzfreie Weise konnte ich die Dose nur noch aufheben, wenn ich es vermied, mich zu bücken, und statt dessen in die Knie ging, mir die Dose über die Knie und die Oberschenkel in den Schoß rollte und mich langsam in möglichst aufrechter Haltung mit der vor den Bauch gepreßten Dose wieder aufrichtete. Auf diese Weise bewältigte ich den Weg aus dem Lagerraum über einige Treppenstufen bis hinaus vor das Eisentor ohne allzu große Beschwerden. Das Absetzen der Dose aber war nur ohne Schmerzen möglich, wenn ich mit gestrecktem Rücken in die Knie ging und die Dose über die Oberschenkel hinabrollen ließ. Mit dieser Methode erreichte ich jedoch nur den äußersten Rand der Palette, konnte sie also nur anwenden, wenn die Palette bereits bis auf die letzte Reihe bepackt war. Insofern blieb mir schon aus gesundheitlichen Gründen nichts anderes übrig, als mich meinen Kollegen anzuschließen und die Dosen ohne weitere Umstände auf den Blech- und Marmeladehaufen fallen zu lassen, der inzwischen beträchtlich an Höhe und Umfang gewonnen hatte. Das weitere Anwachsen des Blech- und Marmeladeberges wurde durch die Ankunft des Transporters unterbrochen, der die alten Marmeladedosen abholen sollte. Allerdings weigerte sich der Fahrer, auch nur eine einzige der Marmeladedosen anzurühren, nicht die auf den Paletten und schon gar nicht die des Blech- und Marmeladeberges. Der Fahrer des Transporters nannte das Ergebnis unserer Arbeit eine Jahrhundertschweinerei, und an dieser Jahrhundertschweinerei wolle er sich nicht beteiligen. Er werde vielmehr seinen Vorgesetzten von dieser Jahrhundertschweinerei in Kenntnis setzen. Dann bestieg er den Transporter und fuhr davon. Kurz darauf traf der Transporter mit den neuen Marmeladedosen ein, und meine Kollegen und ich hielten uns bereit, den Wagen abzuladen. Als der Fahrer des Transporters den Blech- und Marmeladeberg vor dem Eingang des Lagerraums entdeckte, sagte er, daß eine Jahrhundertsauerei wie diese ihm noch niemals vorgekommen sei und daß er sich weigere, uns auch nur eine einzige der neuen Marmeladedosen auszuhändigen. Dann wendete er seinen Wagen und fuhr ebenfalls davon, so daß meine Kollegen und ich die freie Zeit für die Mittagspause nutzen konnten. Ich aß meine mitgebrachten Brote, die meisten der Kollegen tranken ihr mitgebrachtes Bier, sofern ihre Vorräte nicht schon aufgebraucht waren, andere machten sich zum nächsten Imbißstand auf, um Nachschub heranzuschaffen. Die Mittagspause hätte sich weit in den Nachmittag ausgedehnt, wäre nicht der Senatsmitarbeiter aufgetaucht, der uns allen, nach einem kurzen Blick auf den Blech- und Marmeladeberg und mit hochrotem Kopf, die Kündigung aussprach. Aus einer Geldkassette, die er vom Rücksitz seines Wagens nahm, zahlte er mich und meine Kollegen an Ort und Stelle aus, wir quittierten und zogen davon, nicht ohne noch einmal der Fahrräder unter der Moabiter Erde zu gedenken. Ich hatte einen halben Tag gearbeitet und konnte von dem verdienten Geld ein warmes Mittagessen und die Reinigung meiner verklebten Arbeitskleidung bezahlen. Außerdem war ich zu der Überzeugung gekommen, daß ich für körperliche Arbeit nicht geschaffen sei und mich besser nach etwas anderem umsähe. Allerdings vermittelte das Arbeitsamt für kurzfristige Arbeitsvermittlungen nur körperliche Arbeiten, so daß ich mich bei der studentischen Arbeitsvermittlung einfand, die auch geistige Arbeiten vermittelte. Geistige Arbeiten waren allerdings ungleich gefragter als körperliche Arbeiten, und die Aussicht, über die studentische Arbeitsvermittlung einen Job zu bekommen, der die Lendenwirbel schonte und das Hirn in Bewegung hielt, war weitaus geringer, als einen Job am Arbeitsamt für kurzfristige Arbeitsvermittlungen zu bekommen. Hier genügte es in der Regel, rechtzeitig, das heißt morgens zwischen fünf und halb sechs, eine Wartenummer zu ziehen und bei Aufforderung einen Vermittlungsantrag zu unterschreiben. Wer dazu in der Lage, nicht älter als dreißig und darüber hinaus noch nüchtern war, gehörte zu den Kandidaten, die mit Sicherheit für diesen Tag vermittelt wurden. Während beim Arbeitsamt für kurzfristige Arbeitsvermittlungen die wenigsten Bewerber unter dreißig und nüchtern waren, waren bei der studentischen Arbeitsvermittlung so gut wie alle Bewerber unter dreißig und nüchtern. Insofern war die Konkurrenz groß und die Wartezeit lang. Während des Wartens konnte man immer wieder Hinweise und Informationen über Arbeitsmöglichkeiten erhalten und, wenn man Glück hatte, sogar einen Job vermittelt bekommen. Ich hatte Glück und erhielt von einem Kommilitonen die Telefonnummer der Forschungs- und Versuchsabteilung eines großen Pharmakonzerns. Schon zwei Tage später fuhr ich in den Wedding, um einen Vorstellungstermin in dem Pharmakonzern wahrzunehmen. Nachdem ich mich zusammen mit meinen Mitbewerbern in einen Warteraum begeben und mir mit Hilfe der Werbebroschüren des Konzerns einen Eindruck von seiner Vorreiterrolle bei der Entwicklung eines weltweit vertriebenen Ovulationshemmers verschafft hatte, begrüßte uns ein noch recht jugendlich wirkender älterer Herr, der sich als Leiter der Forschungsabteilung für Wundsalben vorstellte. Er führte uns in den sogenannten Konferenzraum, wo wir nicht nur mit Kaffee und Tee, sondern auch mit belegten Broten bewirtet wurden. Der Laborleiter kam ohne lange Vorreden zur Sache und erklärte den essenden und trinkenden Bewerbern, daß ihre Arbeit darin bestehe, sich für eine im übrigen absolut harmlose und nur der Vollständigkeit halber durchzuführende Wundsalbenversuchsreihe zur Verfügung zu stellen. Bevor er uns Näheres dazu sagen und auch auf Detailfragen eingehen wollte, nannte er uns erst einmal das Honorar. Der Tagesverdienst bei dem Pharmakonzern entsprach ziemlich genau dem Wochenverdienst, den man als Hilfskraft in den unterirdischen Senatslagern erhielt, außerdem gab es verschiedene Zulagen und freie Verpflegung, so daß ich auf nähere Informationen und die Beantwortung weiterer Detailfragen verzichtete. Nachdem ich einen Bewerbungsbogen ausgefüllt und verschiedene Formulare unterschrieben hatte, erhielt ich von der Sekretärin des Laborleiters einen Arbeitsvertrag, der mich für eine viertägige Wundsalbenversuchsreihe verpflichtete. Zusammen mit zwei weiteren männlichen und zwei weiblichen Probanden trat ich drei Tage später die Arbeit an. In dem Labor für Wundsalbenforschung begrüßte uns diesmal nicht der jugendlich wirkende ältere Laborleiter, sondern ein jüngerer, aber gar nicht jugendlich wirkender Assistent des Laborleiters. Der Assistent ließ uns auch diesmal mit Kaffee, Tee und Broten bewirten und erläuterte uns während des Frühstücks Sinn und Zweck der Wundsalbenversuche. Die Versuche dienten dazu, aus einer Reihe verschiedener neuer Salben die mit den schnellsten Heilwirkungen herauszufinden. Unsere Arbeit sollte einzig darin bestehen, uns verschiedene dieser im übrigen längst in Tierversuchen gründlich erprobter Salben auftragen und nach einiger Zeit wieder abnehmen zu lassen. Die einzige Schwierigkeit sei hierbei, so der Assistent, daß man die Wirkung der Wundsalben sinnvollerweise nur auf wunder Haut testen könne. Deshalb müßten wir diese kleine Unbequemlichkeit in Kauf nehmen und uns einige wunde Hautpartien beibringen lassen, was nicht weiter schlimm wäre und im übrigen ja auch sogleich behandelt würde. Dann wurden wir aufgefordert, den Oberkörper frei zu machen, und eine Mitarbeiterin des Labors begann damit, uns wunde Hautstellen beizubringen. Dies geschah mit Hilfe von Klebeband, das sie sorgsam auf den Rücken klebte, um es dann mit einem Ruck wieder abzureißen. Das wiederholte sie so häufig, bis sich ein roter entzündeter Hautstreifen bildete. Insgesamt brachte sie mir und den anderen Probanden jeweils vier breite und von oben nach unten verlaufende entzündete Hautstreifen bei. Diese Streifen wurden wiederum mit einem quadratischen Stempel in jeweils sechs Felder aufgeteilt, und die Felder wurden mit einem Stift numeriert, so daß jeder von uns vierundzwanzig entzündete und numerierte Hautfelder auf dem Rücken hatte. Dann wurden die einzelnen Hautfelder von einem eigens herbeigerufenen Fotografen fotografiert, um gewissermaßen ihren Rohzustand zu dokumentieren. Schließlich bestrich die Assistentin die jeweils vierundzwanzig verschiedenen entzündeten Hautfelder mit vierundzwanzig verschiedenen und noch in der Erprobungsphase befindlichen Wundsalben, wobei die Salbe Nummer 1 auf das Feld Nummer 1 und die Salbe Nummer 2 auf das Feld Nummer 2 gestrichen wurde. Nachdem alle unsere vierundzwanzig Hautfelder auf diese Weise mit vierundzwanzig Wundsalben versorgt waren, blieb uns nichts anderes zu tun, als bis zum Abend abzuwarten. Wir konnten die Abteilung nicht verlassen, da wir unbekleidet bleiben mußten; wer sich auf eine der bereitgestellten Liegen legen wollte, der mußte dies in Bauchlage tun, für alle anderen standen gepolsterte Hocker bereit. Die Wartezeit vertrieben wir uns mit Lesen, Kartenspielen und dem Mittagessen, welches uns von der Betriebskantine in Warmhaltebehältern geliefert wurde; und immer wieder spekulierten wir über die Heilungsprozesse auf unseren entzündeten Rückenstreifen. Einige von uns fragten sich, ob es sich bei den Entzündungen, die uns durch das wiederholte Abreißen der Klebestreifen beigebracht worden waren, nicht in Wahrheit um Verbrennungen handele. Schließlich entsteht durch Reibung Hitze, und vielleicht war der Wundsalbentest in Wahrheit ein Brandsalbentest. Andere wiederum waren der Meinung, daß die Abreißwunden nichts anderes als Schürfwunden seien, also zuallererst durch mechanische Einwirkung verursachte Wunden, worauf wiederum eingewandt wurde, daß auch Schürfwunden zu einem nicht unbeträchtlichen Teil Brandwunden seien, denn je heftiger der Schürfvorgang, um so stärker die dabei entstehende Hitze. Der Laborassistent, der uns am Nachmittag einmal kurz aufsuchte, um uns auf die bevorstehende Salbenabnahme vorzubereiten, antwortete auf unsere Frage nach dem speziellen Charakter der Hautwunden, es handele sich hierbei um so etwas wie einen durch mechanische Einwirkung hervorgerufenen Sonnenbrand. Alle weiteren Fragen, so der Assistent, würde uns der Laborleiter beantworten, den wir aber nicht mehr zu Gesicht bekommen hatten. Auch am Abend erschienen nur noch die für das Beibringen der Hautwunden zuständige junge Frau und der Fotograf. Die Frau entfernte mit einem Schaber die Salbe von den jeweiligen Feldern, und der Fotograf machte die entsprechenden Fotografien. Damit waren wir für diesen Tag entlassen, mußten uns aber zur Fortsetzung der Behandlung am nächsten Tag wieder einfinden. Die nächsten beiden Tage waren insofern leichter als der erste, als uns keine neuen Schürf- beziehungsweise Brandwunden beigebracht wurden und wir nur noch der Wundversorgung, der Blutabnahme und der Dokumentation halber das Labor aufsuchen mußten. Erst am Ende unseres letzten Labortages tauchte der Chef des Labors wieder auf, um ein letztes Mal unsere noch immer von vier roten Striemen gezeichneten Rücken zu betrachten. Er hatte keine Beanstandungen zu machen, gab jedem von uns eine Tube mit der zur Zeit gängigen, aber anscheinend verbesserungsbedürftigen konzerneigenen Wundsalbe zur selbständigen Weiterbehandlung und empfahl uns, bei eventuell auftretenden Beschwerden, die aber so gut wie ausgeschlossen seien, den Hautarzt aufzusuchen. Der Hautarzt, den ich drei Tage nach dem Ende der Laborversuche aufsuchte, versorgte mich mit einer mir bisher noch unbekannten Salbe und mehreren Tetanusspritzen und wollte wissen, ob ich mir die entzündeten Rückenstriemen bei irgendwelchen sexuellen Ausschweifungen zugezogen hätte, was ich guten Gewissens verneinen konnte. Das Honorar des Pharmakonzerns erlaubte mir eine längere Erholungspause, die ich zum Schlafen, Lesen und täglichen Duschen im Schöneberger Stadtbad nutzte. Im Duschraum des Bades erregte ich mit meinen noch immer deutlich sichtbaren roten Striemen auf dem Rücken das Interesse eines neben mir duschenden Herrn, der von sich behauptete, ein guter Bekannter des Chefdirigenten der Berliner Philharmoniker zu sein. Da ich wußte, daß man dem damaligen Chefdirigenten der Berliner Philharmoniker nachsagte, in seiner Garderobe über ein Badezimmer mit goldenen Wasserhähnen zu verfügen, mißtraute ich dem Mann, der offenbar ebenso wie ich auf eine öffentliche Dusche angewiesen war. Andererseits besaß der angebliche Bekannte des Chefdirigenten insofern eine gewisse Glaubwürdigkeit, als er sich in der Philharmonie gut auszukennen schien. Am besten kannte er sich in der Kantine und bei den Türschließern aus, bei denen es, wie er mir sagte, eine große Fluktuation und demzufolge immer Bedarf an neuen Arbeitskräften gebe. Ich brauchte mich nur bei einer bestimmten Dame im Untergeschoß der Philharmonie vorzustellen und er sei sicher, daß ich den Job bekäme. Die Dame im Untergeschoß der Philharmonie, bei der ich daraufhin vorsprach, war die Chefin der Garderoben- und Toilettenfrauen sowie der Kartenabreißer und Türschließer. Sie stellte mich ohne lange Nachfragen als Türschließer ein, wies mir einen Spind zu und übergab mir die sogenannte Dienstkrawatte mit einem aufgestickten Berliner Bären. Die Arbeit in der Philharmonie war insofern enttäuschend, als ich als Türschließer nie die Gelegenheit bekam, auch nur einen Ton Musik zu hören, da es sich bei den zu schließenden Türen um schalldichte Türen handelte. Zudem war es den Türschließern bei Androhung der fristlosen Kündigung untersagt, sich nach dem Schließen der Türen innerhalb des Konzertraums aufzuhalten. Einzig die Tür, die das Orchesterpodium mit der Kantine verband, erlaubte es dem dort postierten Türschließer, das Konzert über einen kleinen Lautsprecher zu verfolgen, der oberhalb der Podiumstür angebracht war. Der Lautsprecher hatte die Größe und die Klangqualität eines Transistorradios und verwandelte das nur wenige Meter entfernt stattfindende Philharmoniekonzert in ein rauschendes und knisterndes Taschenradiogeräusch. Außerdem gehörte der Lautsprecher in den Machtbereich des Orchesterwarts, dem der Anblick eines musikhörenden Türschließers solche Pein bereitete, daß er das Abstellen des Lautsprechers verfügte. Der Orchesterwart empfand gegenüber den Türschließern eine geradezu instinktive Feindschaft, wobei diese Feindschaft um so größer wurde, je näher der jeweilige Türschließer dem Orchester war. Da ich mich vorzugsweise zum Dienst an der Podiumstür mit dem Lautsprecher einteilen ließ, war ich der dem Orchester am nächsten postierte und damit vom Orchesterwart am meisten gehaßte Türschließer. Glücklicherweise ging das Orchester und mit ihm der Orchesterwart immer wieder auf längere Auslands- und vor allem Japanreisen, während im Gegenzug auswärtige Orchester im Haus gastierten. Da die auswärtigen Orchester allesamt verträgliche und an dem Lautsprecher über der Podiumstür gänzlich uninteressierte Orchesterwarte hatten, konnte ich während der Auslandsreisen der Philharmoniker unbeschwerte Konzertabende genießen, die ich mir zuweilen noch dadurch verschönte, daß ich die Podiumstür einen Spalt öffnete und auf diese Weise in den Genuß des Originalklangs kam. Aufgrund der immensen Auslandserfolge der Berliner Philharmoniker hatte ich mich mit der Arbeit an der Podiumstür einigermaßen arrangiert und wäre ihr gewiß noch länger treu geblieben. Allerdings fanden nicht nur philharmonische Gastkonzerte in der Philharmonie statt, sondern auch Unterhaltungs- und Jazzkonzerte, bei denen die hauseigenen Türschließer mit auswärtigen Türschließern und anderem auswärtigen Personal kooperieren mußten, was regelmäßig zu Reibereien führte. In eine dieser Reibereien war auch ich verwickelt, als ich während eines Gastspiels der Lionel Hampton Big Band meinen Dienst an der Orchesterpodiumstür versah und hierbei mit dem Orchesterwart der Band in Streit geriet. Die Band bestand vorwiegend aus alten schwarzen Musikern, und das Personal der Band bestand ebenfalls aus alten schwarzen Männern, wobei der Orchesterwart einer der ältesten von ihnen zu sein schien, ich schätzte ihn auf annähernd achtzig. Doch nicht nur die Musiker und das Personal, auch die Bühnenkleidung, die Instrumentenkoffer und die Dekorationsgegenstände der Band machten einen stark überalterten Eindruck. Besonders ramponiert und altersschwach waren die mit silbernen Sternen und dem Porträt des Bandleaders beklebten Pappständer, die vor jedem Musiker aufgestellt wurden, so daß der Orchesterwart mit ihrer Aufstellung alle Mühe hatte. Solange der Orchesterwart mit dem Aufstellen der Pappschilder beschäftigt war, hatte ich keine Probleme mit ihm. Die bekam ich jedoch, nachdem das Konzert angefangen und der Orchesterwart es sich auf dem Bühnenboden hinter der Podiumstür mit etlichen Dosen Bier und einem Päckchen Zigaretten bequem gemacht hatte. Das Rauchen war innerhalb des Konzertsaales und erst recht auf dem Podium verboten, und das Rauchverbot war durch Aufkleber an Wänden und Podiumstür deutlich angezeigt. Außerdem war eigens für das Jazzkonzert noch ein großer kreisrunder Rauchverbotsaufkleber auf dem Bühnenboden direkt hinter der Podiumstür angebracht. Und auf ebendiesem Aufkleber hatte sich der Orchesterwart niedergelassen und zu rauchen begonnen. Als ich ihn auf das Rauchverbot und das Schild unter ihm aufmerksam machte, rief er mir nur ein paar unverständliche Buchstaben zu, so etwas wie »m'fkja«, was ich als original New Yorker Slang deutete und mit einer gewissen Dankbarkeit entgegennahm. Als ich ihn kurz darauf, nachdem er ungehemmt weitergeraucht hatte, nochmals auf das Rauchverbot aufmerksam machte, nahm er nicht mal mehr die Zigarette aus dem Mund, um mir das gleiche noch einmal entgegenzuzischen, was mich nun doch beleidigte, so daß ich die Podiumstür ohne ein weiteres Wort wieder schloß. Meine Intervention hatte immerhin den Effekt, daß der Mann die Zigarettenkippe nicht, wie befürchtet, auf dem edlen Holzfußboden ausdrückte, sondern sie durch den Türspalt in meine Richtung schnippte, wo ich sie aufsammelte und entsorgte. Das tat ich auch mit einer Reihe weiterer Zigarettenkippen, die durch den Türspalt flogen, bis auf eine einzige, die der Mann nicht hinausgeschnippt, sondern nur durch den Türspalt geschoben hatte und die direkt neben meinem Stuhl, aber außerhalb meiner Sichtweite vor sich hin glühte. Sie glühte auch dann noch, als meine Chefin, die Dame aus dem Untergeschoß, ihren Kontrollgang machte und mir Schadenersatz für den verbrannten Fußboden androhte und meine fristlose Kündigung aussprach. Als ich ihr sagte, daß nicht ich, sondern der Orchesterwart hinter der Podiumstür für die Kippe verantwortlich sei, öffnete sie die Tür einen Spalt, lauschte dem Vibraphon Lionel Hamptons, ließ auch mich durch den Türspalt schauen, zeigte auf den großen Rauchverbotsaufkleber, der unübersehbar und ganz ohne Orchesterwart auf dem Fußboden prangte, und sagte, daß während ihrer gesamten Dienstzeit noch nie auf dem Podium der Berliner Philharmoniker eine einzige Zigarette geraucht worden sei und daß auch heute abend niemand, nicht einmal Louis Armstrong persönlich, auf dem Podium rauchen dürfe und schon gar nicht ein hergelaufener Orchesterwart, der sich im übrigen auch nicht auf dem Podium aufhalte. Der Orchesterwart war in der Tat nirgends zu entdecken, auch die Bierdosen und die Zigaretten waren verschwunden, und ich hatte nur noch die Ablösung abzuwarten, um meinen Dienst vorzeitig zu beenden. Da ich keine Eintrittskarte besaß, konnte ich mir nicht einmal den Rest des Konzertes anhören, zumal meine Kollegen an den Saaltüren strikte Anweisung hatten, keinen ihrer Kollegen in den Saal zu lassen. Mir blieb nichts anderes zu tun, als ein letztes Mal durch die Kantine zu den Spindräumen zu gehen und das Haus durch den Künstlereingang genannten Hinterausgang zu verlassen. Daß der schwarze Orchesterwart in der Kantine ungerührt am Tresen saß, ein Bier vor sich und eine Zigarette im Mund, hatte ich wohl noch bemerkt, doch es ging mich schon nichts mehr an.

[1996]

DER HYPOCHONDER

Da ich seit meiner Schulzeit davon geträumt hatte, Theaterschauspieler oder wenigstens Regisseur zu werden, beschloß ich, erst einmal Theaterwissenschaft zu studieren, um mich mit der Theaterliteratur vertraut zu machen. Allerdings machte mich das Studium der Theaterwissenschaft nicht so sehr mit der Theaterliteratur vertraut als vielmehr mit der theoretischen Literatur über die Theaterliteratur und einer Vielzahl von auf Video aufgezeichneten Theaterstücken, von denen ich detaillierte Analyseprotokolle erstellen mußte, die dann mit den Analyseprotokollen meiner Kommilitonen verglichen wurden. Die sogenannte Videosequenzanalyse war eines der Hauptgebiete des Theaterwissenschaftlichen Instituts und bei Dozenten wie Studenten gleichermaßen beliebt. Erstere konnten mit dem Anschauen der auf Video aufgezeichneten Theaterstücke einen nicht geringen Teil ihres Lehrdeputats vor der Mattscheibe absolvieren, während die meisten der Studenten, obwohl sie Theaterwissenschaften studierten, sich in Wahrheit als Filmspezialisten verstanden und nichts lieber taten, als über Reißschwenks und Schuß-Gegenschuß-Verfahren zu debattieren. Wer der Videosequenzanalyse ausweichen wollte, dem blieb nur die Möglichkeit, bei einem von den Videosequenzanalytikern belächelten und kurz vor der Emeritierung stehenden Professor zu studieren, dessen Spezialität die Theatergeschichte als Kultgeschichte war. Ich besuchte bei besagtem Professor ein Seminar, das über mehrere Semester angelegt war und sich ausschließlich mit der Lektüre von Erich Neumanns mir bis dahin unbekanntem Hauptwerk »Die Große Mutter« beschäftigte. Denn die Große Mutter, so der Professor, sei auch »Das Große Runde« und damit die Urform des Kreises und der Arena und alles Theaterspielen sei nichts anderes als ein Spielen auf und mit dem Leib der Großen Mutter. Wohl wollte ich Schauspieler oder wenigstens Theaterregisseur werden, aber ich wollte auf keinen Fall auf und mit dem Leib der Großen Mutter spielen. Nachdem ich über mehrere Wochen dem Seminar gefolgt war und mich vorwiegend in die drei Komplexe Steinerne Mutter, Gute Mutter und Furchtbare Mutter eingearbeitet hatte, welche gemeinsam eine sogenannte archetypische Gruppe bilden, begann ich unter starken Spannungszuständen zu leiden, die sich vor allem im Bereich der Kaumuskulatur auswirkten. Außerdem suchten mich regelmäßig Alpträume heim, in denen meine Mutter, die vor einiger Zeit verstorben war, aus ihrem Grab auftauchte und mir mit erdigen Händen das Frühstück bereitete. Trotzdem wollte ich das Seminar erfolgreich zu Ende bringen und erklärte mich bereit, ein Referat über »Die Große Mutter als fressende Erde« zu halten, in dem ich die These zu begründen versuchte, daß jede Theaterbühne nur ein Holzdeckel über einem Abgrund sei. Nachdem ich mich, ganz im Banne Erich Neumanns, zum Spezialisten für klaffende Abgründe, zähnefletschende Erdmäuler und verschlingende Vaginen entwickelt hatte, ging es mir allerdings so schlecht, daß ich Atemstörungen bekam und befürchten mußte, das Referat nicht fertigstellen zu können. Glücklicherweise machte mich ein Aushang am Theaterwissenschaftlichen Institut auf ein Atemtherapeutisches Institut aufmerksam, das sich insbesondere an Studenten der Theaterwissenschaften mit praktischen Schauspielinteressen richtete und diesen einen Sonderrabatt einräumte. Die Inhaberin des Atemtherapeutischen Instituts war eine alte Dame, die ich bald darauf in ihrer im südlichen Berlin gelegenen Praxis aufsuchte. Die Praxisräume waren mit weichen Teppichen ausgelegt, an den Wänden hingen ja-

panische Holzschnitte, und statt Stühlen oder anderer Sitzge-
legenheiten gab es nur niedrige und betschemelartige Holz-
gestelle. Schon das Sitzen auf den Schemeln erwies sich als
eine erste therapeutische Maßnahme und, wie mir die alte
Dame versicherte, als ein erster Schritt zu einer veränder-
ten Lebensführung. Es dauerte einige Zeit, bis es mir gelang,
in die Knie zu gehen und zugleich den Schemel unter das Ge-
säß und zwischen die Ober- und Unterschenkel zu schieben.
Als ich endlich saß, die alte Dame hatte es sich auf einem weiteren Schemel bequem gemacht, sagte mir die Atemtherapeutin, daß ich gar nicht viel zu erklären brauchte, allein an
der Art meines Hinsetzens erkenne sie das Problem. Ich sei
durch und durch verspannt, der Atem fließe nicht frei durch
meinen Körper und die Atemsäule, die mir Halt und Beweg-
lichkeit verleihen müßte, sei blockiert und verhärtet wie ein
Betonpfahl. Auch wenn ich noch nie etwas von einer Atemsäule gehört hatte, so mußte ich der Atemtherapeutin insofern recht geben, als ich nun, in der niedrigen Sitzhaltung,
nicht nur einen Druck auf Lunge und Brustraum spürte, sondern auch heftige Schmerzen im Rücken und in den Beinen.
Die Therapeutin erlaubte mir freundlicherweise, mich aus
der hölzernen Sitzzange zu befreien, und meinte, daß es wohl
noch einige Zeit dauern werde, bis es mir gelänge, richtig
und entspannt zu sitzen. Da ich mich inzwischen erhoben
hatte und ein wenig verlegen im Raum stand, erhob sich die
Therapeutin ebenfalls und ging einige Male mit nachdenk-
lichem Blick und schwebenden Schritten um mich herum.
Schließlich schüttelte sie den Kopf und sagte, daß es auch
mit dem Stehen bei mir nicht zum besten stehe. Ich stünde
wie ein ängstlicher und blockierter Mensch. Ja, eigentlich
stünde ich gar nicht, sondern krallte mich am Boden fest, richtiges Stehen sei aber nichts anderes als richtiges Gehen und
richtiges Gehen wiederum nichts als unterbrochenes Fallen,

wobei sie, wenn sie Fallen sage, nicht Stürzen meine, sondern eher ein zum Horizont drängendes und mit der Schwerkraft spielendes Vorwärtsbewegen. Und darum schlage sie vor, daß ich mich erst einmal hinlegen solle. Ich folgte ihr in einen Raum, wo eine mit Leder bezogene Liege stand. Nachdem ich es mir bequem gemacht hatte, empfahl sie mir, nun nichts anderes zu tun, als zu atmen. Als ich erwiderte, daß ich dies schon die ganze Zeit tue, legte sie mir schweigend ihre warmen und vom Alter gedunkelten Hände auf den Bauch. Ich zog erschrocken den Bauch ein und hielt unwillkürlich den Atem an, worauf sie sich ziemlich unwirsch erhob und sagte, daß es damit für heute genug sein solle. Als ich eine Woche darauf die Atemtherapeutin erneut aufsuchte, hatte ich nicht nur Atem- und Schluckbeschwerden, sondern litt zudem unter beträchtlichen Kieferschmerzen, die ich mit den Verspannungen meiner Kaumuskulatur in Zusammenhang brachte. Das wundere sie nicht, sagte die Atemtherapeutin, als ich ihr meine Beschwerden schilderte, denn mein gesamter körperlicher Zustand und vor allem mein Muskeltonus zeichne sich durch eine enorme Verbissenheit aus. Ich sei, und das sage sie ganz ohne jeden Unterton, ein durch und durch verbissener Mensch. Ich sei gewissermaßen in mich selbst verbissen und darum empfehle sie mir zur Vorbereitung und Stützung der Atemtherapie eine Akupunkturbehandlung bei einer ihr gut bekannten Heilpraktikerin, die nur einige Häuser weiter ihre Praxis betreibe und die ihr schon bei vielen ihrer hartnäckigsten Fälle behilflich gewesen sei. Wir einigten uns darauf, daß ich mich erst einmal einigen Nadelbehandlungen unterziehen solle, bevor die eigentliche sprech- und atemtherapeutische Arbeit beginne, und schon einige Tage später schraubte mir eine kleine rundliche Dame mit Kurzhaarschnitt ein Dutzend Nadeln in Stirn, Brustkorb, Ellenbogen, Oberschenkel und Fußgelenke. Die Nadeln taten insofern ihre Wirkung, als sie sich langsam erhitzten und kleine Brandwunden an den Einstichstellen hinterließen, was die Heilpraktikerin befriedigt zur Kenntnis nahm. Trotz der offensichtlichen Blitzableiterwirkung der Nadeln nahm der Kieferdruck beständig zu und führte zu chronischen Schmerzen im gesamten Schädelbereich, zumal ich den Druck durch beständiges Kauen, Pressen und Mahlen auszugleichen suchte, was die Schmerzen nur noch verstärkte. Die Heilpraktikerin schlug mir darum die Extraktion einiger Backenzähne vor. Sie begründete diesen Therapievorschlag mit den Forschungen eines gewissen Ernesto Adler, der die sogenannte Granulomtheorie entwickelt hatte. Adlers Theorie zufolge bildeten sich diese Granulome vorzugsweise unterhalb der Backenzähne und verursachten zahlreiche Beschwerden und Krankheiten. Allerdings seien, so Adler, die Granulome nicht die eigentlichen Ursachen dieser Beschwerden, sondern die menschlichen Zähne und in erster Linie die besonders tief sitzenden Backenzähne. Diese seien archaische Reste im menschlichen Gewebe, auf die das Nervensystem oftmals mit Abwehrreaktionen antworte, welche wiederum zu besagten Granulomen führten, die ihrerseits Schmerzen und Beschwerden aller Art auslösten. Würden die Zähne entfernt, dann würden logischerweise auch die Granulome und mit ihnen alle weiteren Beschwerden verschwinden. Zur Beweisführung legte mir die Heilpraktikerin ein Buch Ernesto Adlers vor, das zwar auf spanisch verfaßt, aber mit zahlreichen Abbildungen von Röntgenaufnahmen der menschlichen Kiefer versehen war. Auf keiner der Abbildungen fehlten im Bereich der unteren und oberen Backenzähne kleine weiße Punkte und Flecken, und diese waren, so die Heilpraktikerin, die Granulome. Auch wenn mich die Abbildungen nicht restlos überzeugten und ich den Verlust der Zähne noch mehr fürchtete als die Kieferschmerzen, so war ich doch damit einverstanden, meinen Zahnarzt aufzusuchen, um mit ihm die Extraktion der Backenzähne zu besprechen. Der Zahnarzt weigerte sich allerdings, mir auch nur einen einzigen Zahn zu ziehen. Er meinte vielmehr, daß die Heilpraktikerin nicht bei Sinnen und eine Gefahr für ihre Patienten sei und daß er darüber nachdenke, eine Meldung bei der Aufsichtsbehörde zu machen. Zugleich empfahl er mir eine aus Kautschuk gefertigte Aufbißschiene; eine Empfehlung, die die Heilpraktikerin, die ich vom Ergebnis des Zahnarztbesuches unterrichtete, mit der abfälligen Bemerkung »Apparatemedizin« quittierte. Als ich der Heilpraktikerin erwiderte, daß es sich bei der Aufbißschiene um ein schlichtes mechanisches Hilfsmittel aus Kautschuk handele, keinesfalls um einen Apparat, sagte sie nur, daß ich mich über meine Kieferschmerzen nicht zu wundern hätte, sie jedenfalls wundere sich darüber nicht. Darauf sagte ich ihr, daß mir auch die Atemtherapeutin schon gesagt habe, daß ich mich über meine Kieferschmerzen nicht zu wundern hätte, was ich im übrigen auch nicht tue, wohl aber wunderte ich mich darüber, daß sie mich um meine gesunden Backenzähne bringen wolle, fürchtete ich doch nichts so sehr wie den Verlust der Zähne. Wenn es für mich so etwas wie eine Grundangst gab, dann war es die Angst vor Zahnverlust. Ich vermute sogar, sagte ich der Heilpraktikerin, daß es diese Angst vor Zahnverlust sei, die meine Kiefer in ihre mahlenden Bewegungen versetze und mir damit die Schmerzen bereite, deren Linderung ich mir von ihr erhofft habe. Doch statt mir meine Beschwerden zu nehmen, wolle sie mir meine Zähne nehmen, was ich nicht nur für eine eklatante Fehlbehandlung hielte, sondern, um ganz offen und im Sinne Erich Neumanns zu reden, von dem die Heilpraktikerin noch nie etwas gehört hatte, für einen Kastrationsversuch. Als ich, ein wenig voreilig vielleicht und angestachelt von meiner Seminarlektüre, das Wort »Kastrationsversuch«

ausgesprochen hatte, sagte die Heilpraktikerin erst einmal nichts. Dann ging sie in den Nebenraum und kehrte kurz darauf mit einer brennenden Zigarette in der Hand zurück. Noch ehe ich sie fragen konnte, wie sie denn das Rauchen mit ihrem Beruf vereinbare, sagte sie mit ziemlich lauter Stimme, daß sie es niemandem erlaube, ihr mit irgendwelchen Obszönitäten zu kommen. Ich könne denken, was ich wolle, und ich könne auch studieren, was ich wolle, aber beleidigen lasse sie sich nicht. Nun sagte ich erst einmal nichts, spürte aber so starke Schmerzen im Bereich der Kiefermuskulatur und des Gaumens, daß mir die Tränen in die Augen traten und ich nach einem Taschentuch griff. Das einzige, was sie für mich noch tun könne, sagte daraufhin die Heilpraktikerin in milderem Ton, sei eine Behandlung mit Stickstoff, die gewissermaßen das Gegenteil einer Akupunkturbehandlung sei. Denn mit Hilfe des Stickstoffs würden die neuralgischen Schmerz- und Knotenpunkte nicht elektroenergetisch entladen, sondern bis auf 195 Grad unter Null abgekühlt beziehungsweise vereist. Die Stickstofftherapie sei also nichts anderes als eine punktuelle und kurzfristige Kälteschockbehandlung, welche allerdings langfristige Folgen habe. Ich ging zum Schein und aus Schuldgefühl auf das Angebot der Stickstofftherapie ein, nahm aber den vereinbarten Termin nicht wahr, sondern suchte wieder die Atemtherapeutin auf, bei der ich mich bitter über die Heilpraktikerin beklagte, nicht ohne ihr zugleich mitzuteilen, daß mein Zahnarzt erwogen habe, eine Meldung bei der zuständigen Aufsichtsbehörde zu machen. Daraufhin erwiderte die Atemtherapeutin aufgebracht und ohne die freundlich-schwebende Aufmerksamkeit, die ich sonst von ihr gewohnt war, daß sie mit Denunzianten, wie ich einer sei, nicht zusammenarbeiten wolle. Den einzigen Rat, den sie mir noch geben könne, sei der, mir meine Flausen aus dem Kopf zu schlagen. Dazu hatte ich insofern bald Gelegenheit, als mir einer meiner Kommilitonen vom Theaterwissenschaftlichen Institut eine Stelle als Aushilfskraft an dem damals renommiertesten der Berliner Theater vermittelte. Ich ignorierte meine Beschwerden und fand mich schon nach wenigen Wochen in Arbeitskleidung in den Räumen des am Ufer des Landwehrkanals gelegenen Theaters wieder. Nun war ich zwar nicht am Ziel, wohl aber am Ort meiner Träume. Ich wurde der Spätschicht zugeteilt, und meine Arbeit bestand darin, die schwarz ausgekleidete Bühne des gerade gespielten »Prinz von Homburg« vor der Vorstellung auf- und nach der Vorstellung wieder abzubauen. Die Zeit während der Vorstellung verbrachte ich mit meinen Kollegen biertrinkend in der Kantine. Der einzige Gewinn, den mir, abgesehen vom Geld, die Auf- und Abbauarbeit einbrachte, waren mehrere handgeschriebene und mit rotem Lack versiegelte Briefe des Prinzen von Homburg beziehungsweise seines prominenten Darstellers, der jeden Abend mit Feder und Tinte auf ein Blatt Büttenpapier die Zeilen schrieb: »Mein Theurer Kurfürst. Zum vorläufigen letzten Mal sehe ich alles ein und bitte um den Tod.« Der Brief blieb auf einem Sekretär liegen, und da sich niemand um ihn kümmerte, nahm ich ihn an mich und brachte mich so in den Besitz von einem Dutzend gleichlautender Autographen, von denen ich nicht wußte, ob ich sie als Originale oder als Fälschungen betrachten sollte. Außerdem hatte der regelmäßige Biergenuß, der mit der Theaterarbeit verbunden war, meine neurasthenischen Beschwerden zum Abklingen gebracht, was einerseits ein positiver Effekt war, andererseits aber den Nachteil hatte, daß sich ohne Bier meine Beschwerden um so heftiger wieder einstellten. Die insgesamt eintönige Theaterarbeit wurde durch die Vorbereitung eines neuen Stückes belebt, das den Titel »Die Hypochonder« trug und von dem ich mir einiges versprach. Zu meiner Enttäuschung wurde ich jedoch der Nachtschicht zugewiesen und hatte die Aufgabe, mit zwei anderen Aushilfsarbeitern die schwarzen Bühnenwände des »Prinzen von Homburg« in ein einheitliches Grau zu verwandeln. Wir verbrachten mehrere Nächte damit, die Bühnenwände grau zu streichen und Bier zu trinken. Als wir nahezu fertig waren, erschien gegen zwei Uhr morgens der Bühnenbildner mit dem Autor des Stückes, der zugleich Chefdramaturg des Theaters war. Beide trugen Sonnenbrillen, um sich vor dem hellen Arbeitslicht zu schützen, warfen einen Blick auf die grauen Wände und flüsterten kurz miteinander. Dann sagte der Bühnenbildner zu mir und meinen Kollegen, die wir leicht angetrunken und mit Farbe beschmiert auf den hohen und nicht sehr stabilen Bühnenleitern ausharrten: »Etwas heller bitte!« Da wir nicht den Mut hatten, den beiden Herren zu empfehlen, ihre Sonnenbrillen abzunehmen, und wir überdies stundenweise entlohnt wurden, machten wir uns erneut an die Arbeit. Die mehrtägige Verzögerung, die das nochmalige Streichen der Wände bedeutete, brachte ganz offensichtlich den Probenplan durcheinander, so daß wir unsere nächtlichen Malarbeiten mit der Gesellschaft einer Schauspielerin teilten, die sich, nachdem alle Lichter im Theater gelöscht waren und nur das Arbeitslicht auf der Bühne noch brannte, ihren einsamen Übungen unterzog. Während meine Kollegen eher unleidlich auf die Anwesenheit der Schauspielerin reagierten, mußten sie doch ihren ständigen Austausch von billigen Zoten und anzüglichen Bemerkungen einschränken, konnte ich mich von meiner Leiter aus an der Schauspielerin, die aufgrund ihrer sensiblen und hoch reizbaren Schauspielkunst einen gewissen Ruf hatte, nicht satt sehen. Sie trug einen blauen Overall, wie ein Mechaniker, darüber aber einen langen wehenden Seidenschal, der sicherlich zu ihrem Bühnenkostüm gehörte, und Turnschuhe, in denen sie wie auf Stöckelschuhen gehen konnte. Zumeist begann sie ihre Übungen mit einigen schnellen Schritten über die Bühne, denen ein plötzliches Verharren und eine ebenso ruckartige Kehrtwendung folgten. Nachdem sie sich auf diese Weise warm gelaufen und warm gebremst hatte, folgten ihre Rezitationen, die darin bestanden, daß sie sich darüber beklagte, eine Frau namens Elisabeth habe ihr einen gewissen Vladimir weggenommen. Immer wieder rief sie den Satz »Sie hat mir Vladimir weggenommen«, und sehr oft sagte sie auch »Käse? Niemals, der zerfrißt meine Luftpumpe«, um gleich darauf in ein hysterisches Lachen auszubrechen, was meine beiden Kollegen wiederum zu einem ziemlich blöden Grinsen veranlaßte. Mit Interesse folgte ich auch der Passage, in der sie sich über einen Mann äußerte, der nie etwas sagte, um, wie sie sagte, »seinen Sprechatem zu sparen«. Das kannte ich aus der Atemtherapie und war froh, es hier noch einmal zu hören. Besonders lange aber beschäftigte sie sich mit einem Satz, in dem ziemlich viele Zetts vorkamen, ein wahrer Zungenbrecher und zugleich von so großer suggestiver Bildkraft, daß ich erneut Kieferschmerzen bekam. Er lautete: »Weil es ihr nicht gelang, einen Fleischfaden aus einer Zahnlücke zu züngeln, zertrümmerte sie ihr Gebiß.« Das sagte sie sehr erregt und in einem hohen und schneidenden Ton. Dann schwieg sie einen Moment, warf den Seidenschal über die Schultern, ging erst aufrecht und dann ein wenig gebeugt auf die andere Bühnenseite und sagte mit tiefer und ganz verwandelter Stimme: »So war Elisabeth.« Ich hätte der Schauspielerin noch lange zuhören können, sprach sie mir doch auf geheime Weise aus der Seele. Allerdings nahmen die einsamen Übungen der Schauspielerin ein ziemlich abruptes Ende, woran meine beiden Kollegen schuld waren. Diese konnten es sich nicht verkneifen, nachdem die Schauspielerin wieder einmal ihren zungenbrecherischen Satz vom aus der Zahnlücke zu züngelnden Fleischfaden geprobt hatte, in Bierlaune und von ihren Leitern herab mitten in die Sprechpause der Schauspielerin hineinzurufen: »So war Elisabeth.« Es dauerte einige Sekunden, bis die Frau begriffen hatte, was geschehen war. Sie zuckte zusammen, blickte mit zusammengekniffenen Augen und geblendet von den Arbeitslampen zu mir und meinen Kollegen herauf und schien sich erst jetzt wieder daran zu erinnern, daß sie nicht allein auf der Bühne war. Dann nahm sie ihre Stofftasche an sich, die sie am Bühnenrand abgelegt hatte, und verschwand. Am nächsten Abend teilte der Bühnenmeister mir und meinen Kollegen unsere fristlose Kündigung mit. Als Grund wurden uns Störung des Arbeitsfriedens und Belästigung einer weiblichen Mitarbeiterin genannt. Außerdem erhielten wir, eine Anweisung des Chefregisseurs, auf unbestimmte Zeit Hausverbot, was meine beiden Kollegen nicht sonderlich beeindruckte, mir aber, als Studenten der Theaterwissenschaft, in gewisser Weise die Ausbildungsgrundlage raubte, so daß ich mit der praktischen Theaterarbeit auch gleich das Studium der Theaterwissenschaft aufgab und in die Germanistik wechselte, wo ich mich in ein Proseminar mit dem Titel »Sprecherziehung und gesprochene Dichtung« einschrieb, das mir, laut Ankündigung im Vorlesungsverzeichnis, neben einer sprechgerechten Tiefatmung auch den Erwerb eines körperlich-nervlichen Sicherheitsgefühls in allen Redesituationen versprach.

[1996]

KULTPHALLI UND ALTE FILME

Ein Besuch im Berliner Erotik-Museum

Während meiner Studienzeit arbeitete ich einige Wochen als sogenannter Hilfszusteller bei der Post, und zu den ersten Dingen, über die mich die Kollegen aufklärten, gehörte die Tatsache, daß ein großformatiger Brief oder ein Päckchen mit dem Poststempel Flensburg und ohne Absender mit nahezu hundertprozentiger Sicherheit eine Sendung von Beate Uhse sei. Eine Sendung von Beate Uhse aber, das war wiederum eine äußerst delikate und in Wahrheit auch ziemlich anrüchige Angelegenheit. Und wenn mir der Kollege, dessen Hilfszusteller ich war, eine Sendung aus Flensburg in die Hand drückte, dann geschah dies nie ohne einen anzüglichen Kommentar oder eine zweideutige Bemerkung.

Nun erhielten in meinem Wilmersdorfer Zustellbezirk relativ viele Postkunden Briefe und Päckchen ohne Absender aus Flensburg, so daß manche Arbeitstage mit Zoten und anzüglichen Bemerkungen des Kollegen nahezu ausgefüllt waren. Außerdem versetzten mich die Flensburger Sendungen in eine gewisse Verlegenheit bei der Zustellung. Da aber die Empfänger nicht wußten, was ich wußte, nahmen die meisten die jeweiligen Briefe oder Päckchen mit der größten Gelassenheit entgegen, und einige hatten sogar noch Zeit, mir neben der Zustellgebühr ein Trinkgeld zu überreichen. Anscheinend waren sie sich der Freuden, die auf sie warteten, sehr sicher, während ich, der Hilfszusteller, allzugern einmal in eines dieser Päckchen hineingeschaut oder einen dieser Briefe geöffnet hätte.

Statt gegen das Postgeheimnis zu verstoßen und den Job

zu riskieren, hätte ich natürlich auch selbst Kunde in Flensburg werden können, doch lag dies damals gänzlich außerhalb meiner kulturellen Möglichkeiten. Ein ordentlicher Westberliner Germanistikstudent hatte damals wohl Adornos Kritik des Verblendungszusammenhangs, Blochs Ästhetik des Vorscheins und Wilhelm Reichs Funktion des Orgasmus im Kopf, er wäre aber niemals auf den Gedanken gekommen, eine Bestellung bei Beate Uhse aufzugeben. Beate Uhse, das war in gewisser Weise der Axel Springer des Trieblebens, und Axel Springer war unbedingt zu meiden. Doch sowenig man der täglichen *Bild*-Schlagzeile ausweichen konnte, so wenig konnte ein Berliner Germanistikstudent, wenn er denn das Lehramt an höheren Schulen anstrebte, also ein Staatsexamen machen wollte, Beate Uhse ausweichen. Schließlich befand sich der Westberliner Beate-Uhse-Laden mit den verlockend ausgestatteten Schaufenstern direkt neben dem Wissenschaftlichen Landesprüfungsamt, so daß jeder, der hier seine Staatsprüfung machte, sich zugleich einer zweiten Prüfung unterziehen mußte, die im Unterschied zur ersten vor allem eine Gewissensprüfung war: Gehe ich in den Laden – oder gehe ich nicht in den Laden?

Ich bin damals weder vor noch nach der Prüfung in den Beate-Uhse-Laden gegangen und habe mir insofern, was Beate Uhse angeht, eine gewisse Neugierde erhalten. Nun bin ich damals nicht nur nicht aus weltanschaulichen Gründen und wegen der Frankfurter Schule nicht in den Beate-Uhse-Laden gegangen. Ich bin auch nicht hineingegangen, weil ich es vermeiden wollte, von einem meiner Prüfer dabei gesehen zu werden. Auch nach bestandener Prüfung nicht. Wer dagegen heute sein Staatsexamen ablegt, der braucht sich diese Sorgen nicht mehr zu machen. Wohl residiert das Wissenschaftliche Landesprüfungsamt noch immer am gleichen Ort, doch ist der Beate-Uhse-Laden umgezogen. Er befindet sich nun in einer gegenüber dem Bahnhof Zoo gelegenen Passage, in der Nachbarschaft des sogenannten Pressecafés, in dem man allenfalls die *BZ* von gestern lesen kann, einer Wechselstube, die früher einmal die besten Preise für DDR-Mark hatte, der Kellerdiskothek mit den drei jamaikanischen Türstehern sowie einem *Alt-Berliner Spielsalon*, was immer das im einzelnen sein mag. Zwar ist der Beate-Uhse-Laden nun noch ein Stück näher an den Bahnhof Zoo herangerückt, doch nicht nur der einstmals so kompromißlos traurige Bahnhof hat sich verändert, auch der Laden ist nicht mehr das, was er einst war. Er wird nun von dem ihm angeschlossenen Erotik-Museum dominiert. Und hierbei handelt es sich weniger um eine pornographische und mehr um eine kulturelle Angelegenheit, in der man leise sprechend umherwandelt und die mit beleuchteten Vitrinen ausgestattet ist.

Wer heute sein Staatsexamen im Wissenschaftlichen Landesprüfungsamt macht, der könnte danach ohne weiteres und sogar in Begleitung seines Prüfers das Beate-Uhse-Erotik-Museum aufsuchen. Zugespitzt gesagt, könnte man sein Staatsexamen auch gleich im Erotik-Museum absolvieren, denn es ist in vieler Hinsicht dem Dahlemer Völkerkundemuseum nachempfunden. Da gibt es sorgsam ausgeleuchtete balinesische Kultphalli, indische Hochzeitsbücher, chinesische Rollenbilder aus dem achtzehnten Jahrhundert mit dem Titel »Positionen«, Porzellanfiguren, die ein in actu befindliches chinesisches Liebespaar auf einem Lotosblatt (19. Jahrhundert) darstellen, Seidenmalereien, japanische Blockbücher (z. B. von Gyosai Kunisada) und Farb-Shungas, das sind Frühlingsbilder, über die eine Hinweistafel informiert.

Neben zahlreichen Riechfläschchen, Porzellandosen, Miniaturen der verschiedensten Art kann der Kunstfreund hier auch die »Drei Vulven« von Hokusai bewundern, mit Grazie gestrichelt. Wer für die »Welle« des Meisters schwärmt, der wird die »Vulven« nicht mehr missen wollen. Natürlich findet sich hier auch Deftigeres, ein Knochenpenis beispielsweise, »1980 in Nord-Thailand erworben«, und nicht zuletzt auch Erotisches aus unseren Regionen: von Aktpostkarten aus den fünfziger Jahren bis zu Alfred Hrdlickas Farbradierungen »Wiener Blut« von 1973. Und ganz so, wie man im Dahlemer Museum einen maskierten Eingeborenen vor einer afrikanischen »Buschschule« betrachten kann, so gibt es auch hier eine von freundlichen Schaufensterpuppen gestaltete Sado-Maso-Szene hinter schwarzen Gitterstäben oder den Maler Zille und sein halbentblößtes Modell im nachgebauten Atelier. »Der verstopfte Ofen« heißt die Szene. Daß es darüber hinaus auch einige originale und, wie eigens vermerkt wird, höchst wertvolle Zille-Zeichnungen gibt, versteht sich von selbst. Und sogar die Freunde der Sexualreformbewegung können nun bei Beate Uhse in die Schule gehen, ist doch eine Ecke des Museums Magnus Hirschfeld gewidmet. Eine Bronzebüste ehrt den Wissenschaftler, die Kopie seiner Berliner Promotionsurkunde von 1892 sowie das Titelblatt der Dissertation »Über Erkrankungen des Nervensystems im Gefolge der Influenza« dokumentieren seine Anfänge.

Die Ausstellung scheint politisch ziemlich korrekt, und entsprechend ist auch das Publikum gestimmt. Junge Paare friedlich händchenhaltend vor einem erregten peruanischen Trinkgefäß, die alte Dame mit der Lesebrille interessiert einem meterhohen balinesischen Kultphallus zugeneigt, und selbst die schwäbische Reisegruppe scheut sich nicht, vor der Magnus-Hirschfeld-Vitrine zu verweilen. Ganz wie in Dahlem, wo man sich in schwarz ausgekleidete Videoräume setzen kann, um beispielsweise einen Film über Initiationsriten auf

Papua-Neuguinea zu betrachten, kann man sich hier zusammen mit anderen Museumsbesuchern grobkörnige Dokumente aus der Geschichte des pornographischen Films anschauen. Wer beispielsweise noch niemals in Gesellschaft eines versonnen dreinschauenden älteren Zehlendorfer Ehepaares einen Cunnilingus um 1900 und in Großaufnahme betrachtet hat, der kann dies hier ohne weiteres tun.

Ein wenig anstößig wirken allenfalls die Ausstellungsstücke, die Beate Uhse persönlich gewidmet sind. So die mit einem Hakenkreuz versehenen »Leistungsscheine« der Deutschen Lebensrettungs-Gemeinschaft e.V. Berlin. Auch das persönliche »Leistungsbuch« des »Deutschen Reichsausschusses für Leibesübungen« vom Juli 1932 läßt nichts Gutes ahnen, ebensowenig die Urkunde des »Reichssportabzeichens« von 1940. Daß sich das Sportliche mit dem Militärischen sehr gut verbinden läßt, konnte man schon bei Leni Riefenstahl lernen. Hier demonstrieren es die Fotografien der flugbegeisterten ostpreußischen Gutsbesitzerstochter, die als Pilotin einer »Bücker Jungmann« (BÜ 131) 1939 den Fluglehrer Hans Jürgen Uhse ehelichte und 1944 auf die Messerschmitt ME 109 umschulte. Auch die *Bild*-Zeitung erfährt Museumsehren, speziell die Ausgabe mit der Schlagzeile: *Beate Uhse Scheidung: Ich gebe meinem Mann eine Million und ein teures Grundstück* (vom 8. 12. 1971). Kurz darauf sehen wir die Geschiedene bereits »mit ihrem schwarzen 37jährigen Freund« (*Neue Revue*). Wer Genaueres wissen wollte, den klärte die Zeitschrift *Wochenend* in ihrer Ausgabe vom 2. 8. 1972 auf: »So liebt Beate Uhse einen dunkelhäutigen Mann im militärischen Sperrgebiet.«

Der Besucher ist verwirrt. Der Besucher möchte aufgeklärt werden. Hier die balinesischen Kultphalli und dort das Reichssportabzeichen, hier die »Bücker Jungmann« und dort Magnus Hirschfeld. Ganz zu schweigen von den Videokabinen, die in Sichtweite, aber bereits außerhalb der eigentlichen Museumsräume auf Kundschaft warten mit ihren über hundert »Programmen« und die ja, stellvertretend für alles andere, den Erwerb der vielen Exponate erst möglich gemacht haben. Eine dieser Kabinen hätte vielleicht auch im Museum selbst Platz finden sollen. Mit einem ganz speziellen Programm allerdings: deutsche Geschichte.

[1996]

BERLINER PERSPEKTIVEN

Nur eben mal raus noch
die Kolonnenstraße
runter
bis zur Ecke
nur eben mal Luft geschnappt
und in den Kugelfisch
auf ein Helles
nach der ganzen Plackerei
stundenlang
am Schreibtisch gesessen
stundenlang
nicht hochgekommen
hundert Länder bereist
hundert Frauen beschlafen
und hundert Völker befreit
jetzt aber raus
hier
auf ein Bier
in den Kugelfisch
die Kolonnenstraße runter
bis zur Ecke
mal unter die Leute gehen
bloß raus
weg
nichts mehr hören
nichts mehr sehen
einfach abschalten
im Kugelfisch
und mit den anderen sein

im Kugelfisch
leider
nichts mehr los hier
bißchen spät schon
guten Abend
ein Bier
im Kugelfisch
wo der Wirt die *BZ* liest
wo der Wirt das Zapfen vergißt
den Arsch auf der
Thekenkante
gar nicht aufschaut
Momentchen sagt
junger Mann
Momentchen
bin schließlich
auch nur'n Mensch
und den ganzen Tag
noch nicht
dazu gekommen

[1977]

EINEN SCHÖNEN TAG NOCH!

DER LIEBLINGSBERLINER

»Einen schönen Tag noch!« Erst war es der Zeitungsmann, dann die Verkäuferin in der Bäckerei, die mir an diesem Morgen einen schönen Tag wünschten, und schließlich auch noch die Dame in der Bank. Seit einigen Jahren wird mir in dieser Stadt beständig ein schöner Tag gewünscht, und dies nicht nur morgens, wenn ich die Zeitung oder Brötchen hole, sondern auch mittags und manchmal noch am Nachmittag, wenn der Tag schon so gut wie vorüber ist. Wobei es vorkommen kann, daß mir besonders aufmerksame Verkäufer auch einen schönen Nachmittag wünschen, wenn ich mittags ein Geschäft betrete, daß mir aber so gut wie niemand, wenn ich nachmittags ein Geschäft betrete, einen schönen Abend wünscht, sondern weiterhin und wie auch am Morgen einen schönen Tag. Ich hätte nichts dagegen, wenn man mir, so wie das früher üblich war, ein schönes Wochenende wünschte. Aber ein schönes Wochenende wünscht mir seit einiger Zeit niemand mehr. Alle Welt wünscht mir einen schönen Tag, und dies an jedem Tag der Woche. Auch am Sonnabend. Dabei will ich gar nicht aus jedem Tag einen schönen Tag machen. Die meisten Tage der Woche sind für mich ganz normale Tage und sollen es auch bleiben. Warum sollte beispielsweise aus einem ganz normalen Montag, der mit Brötchenholen anfängt und mit Schreibtischarbeit fortgesetzt wird, ein schöner Tag werden? Ich will keinen schönen Montag und auch keinen schönen Dienstag. Ich will allenfalls ein schönes Wochenende. Das beständige Einen-schönen-Tag-noch-Gewünsche überfordert mich, und dies nicht etwa, weil ich ein lebensunfroher oder verdrießlicher Mensch bin. Das Gegenteil ist der Fall. Ich bin immer auf der Suche nach dem schönen Tag Doch ich weiß, daß der schöne Tag etwas ist, das sich nur selten einstellt. Und wenn es sich einstellt, dann stellt es sich zumeist erst im nachhinein ein. Der schöne Tag ist der gelebte Tag, von dem wir erst am Abend wirklich wissen, daß er schön war und wie schön er war. Doch alle Welt führt ihn schon morgens im Munde. Das hatte es früher nicht gegeben. Als ich in diese Stadt gezogen war, da hatte mir niemand einen schönen Tag gewünscht. In Berlin wünschte man sich nichts. Der Berliner war ein Mensch, der immer darauf aus ist, niemanden mit irgendwelchen Höflichkeitsfloskeln zu belästigen. Ging man in einen Zeitungsladen und sagte »Guten Tag« oder auch »Danke« oder »Bitte sehr«, dann konnte man sicher sein, nicht mit langen Gegenreden aufgehalten zu werden. Gleiches galt für Wurstbuden, Linienbusse, Kinokassen und Kneipentresen. Auf ein »Guten Tag« oder ein »Danke« folgte in neunundneunzig Prozent aller Fälle so gut wie keine Reaktion. Ich hatte das immer als typisch berlinerisch verstanden, mich daran gewöhnt und auch mir selbst einen ökonomischen Umgang mit Höflichkeitsfloskeln angewöhnt. Doch eines Tages war es damit zu Ende. Es muß vor ungefähr zehn Jahren gewesen sein, als ich gerade einen Zeitungsladen grußlos verlassen wollte und mir aus heiterem Himmel dieses »Einen schönen Tag noch!« nachgerufen wurde. Ich weiß noch, wie ich zusammenzuckte, als hätte mir jemand einen leichten Handkantenschlag ins Genick versetzt, und wie ich mich, während ich mit einem Fuß schon aus dem Laden herausgetreten war, noch einmal umdrehte. Doch ich sah nichts als den Zeitungsmann, der hinter dem Tresen stand und mir in bester Laune förmlich nachstrahlte. Seit diesem Tag war ein neuer Gruß in die Welt getreten, der sich wie ein Virus ausbreitete. Woher das Virus kam, weiß ich nicht. Vielleicht hatte es mit der Einführung des Privatfernsehens zu tun. Oder mit Amerika. Oder mit beidem. Mir ist bekannt, daß man in den USA die Formel »Have a nice day« benutzt. Ich kenne Amerika nicht, war nur ein einziges Mal in Seattle gewesen, wohin ich mit einem Freund geflogen war, der in der Reisebranche arbeitet und von einer amerikanischen Fluggesellschaft zwei sogenannte Informationsflüge geschenkt bekommen hatte. Der Freund hatte mich zu dem Gratisflug eingeladen, und ich hatte nicht gezögert, die Einladung anzunehmen, obwohl der Flug im Winter stattfand und mit der Verpflichtung verbunden war, während der äußerst knapp bemessenen Aufenthaltszeit in Seattle an einem Informationsseminar der besagten Fluggesellschaft teilzunehmen. Das Informationsseminar fand im Flughafenhotel statt, so daß für die Besichtigung der Stadt nur noch zweieinhalb Stunden blieben, bevor wir den Rückflug antreten mußten. Doch hatte ich bereits während der wenigen Stunden, die der Gratisaufenthalt in Amerika währte, immer wieder die Formel »You're welcome« gehört. Bei jeder sich bietenden Gelegenheit, an der Flughafenbar, in den Tagungsräumen des Flughafenhotels oder während der Bustour, hat mir jemand ein »You're welcome« zugerufen, was einerseits sehr freundlich war, mir andererseits aber auch übertrieben schien. Ein »Have a nice day« hatte mir in Amerika niemand gewünscht. Entweder benutzte man diese Formel in Seattle nicht, oder es lag daran, daß alle Welt wußte, daß vor mir und meinen Mitreisenden auch kein ganzer und zudem noch guter Tag mehr lag, sondern nur der nächtliche und anstrengende Rückflug.

Glücklicherweise beschränkte sich die neue Berliner Freundlichkeit auf die Verkäufer, Bankangestellten und Kioskbesitzer. Kellner, Bademeister, Platzwarte oder Kartenabreißer blieben weiterhin mürrisch und unwirsch, wie ich es von ihnen gewohnt war. Einzig bei den Busfahrern schien sich eine Wende bemerkbar zu machen, die mich schon fürchten ließ, sie würden sich den Kioskverkäufern und Laden-inhabern anschließen. War es in den siebziger und frühen achtziger Jahren üblich und ganz normal gewesen, daß die Busfahrer jedem Menschen, der einen Bus betrat, eine Art Hausfriedensbruch unterstellten und sich auch nicht scheu-ten, sowohl einzelne Fahrgäste wie auch die gesamte Passa-giergemeinschaft über das Busmikrophon zu maßregeln, so konnte ich nun deutliche Anzeichen einer Änderung beob-achten: Immer öfter kam es vor, daß die Busfahrer mir schon beim Eintritt in den Bus entgegenlächelten. Anfangs hatte ich ein wenig irritiert reagiert und an mir heruntergeschaut, um zu sehen, ob etwas mit meiner Kleidung nicht in Ordnung war oder ich vergessen hatte, die Hose zu schließen. Doch die Busfahrer lachten mich nicht aus, sie lächelten mich an, und sie taten es auch dann noch, wenn ich das Fahrgeld nicht abgezählt bereithielt, sondern mit einem Zehnmarkschein bezahlte. Wer in den siebziger Jahren im Bus mit einem Zehn-markschein bezahlen wollte, der mußte mit einer harschen Zurückweisung von seiten des Busfahrers rechnen. Einmal war es mir sogar passiert, daß ein Busfahrer gar nicht rea-gierte, als ich ihm einen Zehnmarkschein hingehalten hatte. Ich hielt den Schein hin, und der Busfahrer reagierte nicht. Der Busfahrer erstarrte vielmehr und verwandelte sich in eine Art Busfahrerskulptur, von der auch nicht das gering-ste Lebenszeichen ausging. Nachdem ich ein zweites und ein drittes Mal mein »Einmal einfach bitte« gesagt hatte, tat die Busfahrerskulptur schließlich den Mund auf und sagte: »Nein.« Dann schwieg der Busfahrer wieder, und auch ich wußte nichts anderes, als mit der nicht unbedingt eleganten Gegenfrage »Wie Nein?« zu reagieren. Darauf sagte der Bus-fahrer erst einmal nichts, um dann noch einmal »Nein« zu sagen. »Gut«, sagte ich darauf und wollte ohne Fahrschein den Bus betreten. Doch noch ehe ich die Sperre passieren konnte, klappte der Arm des Busfahrers wie eine Bahnschranke herunter und legte sich auf die Sperre, die die Fahrerkabine vom Fahrgastraum trennt. Ich wollte es nicht auf einen Konflikt ankommen lassen und fragte den Busfahrer, was ich nun tun sollte. »Aussteigen«, sagte daraufhin der Busfahrer, »dies ist ein Bus und keine Wechselstube.« So etwas würde heutzutage nicht mehr passieren. Schon in den achtziger Jahren hatte sich die Lage entspannt, und die Busfahrer akzeptierten Zehnmarkscheine, ohne mit der Wimper zu zukken. Lediglich bei Zwanzigmarkscheinen konnte es noch zu Unmutsäußerungen kommen, was aber mit der Zeit, der fortgesetzten Geldentwertung und der Erhöhung der Fahrpreise immer seltener wurde. Wer heute einem Busfahrer einen Fünfzigmarkschein hinhält, der muß damit rechnen, daß sich der Busfahrer auch noch dafür bedankt. Die Freundlichkeit der Busfahrer geht gelegentlich so weit, daß einzelne Fahrer besonders fahrgastfreundliche Ansagen ins Busmikrophon sprechen. Statt wie früher Einschüchterungen und Beschimpfungen kann man nun gelegentlich Ansagen hören, die eher an einen Linienflug mit der Air France als an eine Busfahrt mit dem 119er, 148er oder 183er erinnern. Speziell im 183er, der aus Dahlem kommt, über Steglitz fährt und sich irgendwo in Lankwitz verliert, mußte ich mich daran gewöhnen, daß der Busfahrer »den neu zugestiegenen Fahrgästen eine angenehme Fahrt« und denjenigen, »die am Rathaus Steglitz umsteigen, eine gute Weiterfahrt« wünscht. All denjenigen, »die am Rathaus Steglitz ihr Fahrtziel erreicht haben«, wird nicht nur »ein guter Heimweg«, sondern selbstredend auch »ein schöner Tag noch« gewünscht.

Ich hätte es schon im 183er merken können, aber wirklich bewußt wurde es mir erst im 148er, der ebenfalls aus Dahlem kommend über die Potsdamer Straße zur Philharmonie fährt, daß die neue Freundlichkeit der Busfahrer doch nicht der zivilisatorische Fortschritt war, für den ich ihn gehalten hatte. So bedachte ein Busfahrer die an der Haltestelle Philharmonie aussteigenden Passagiere regelmäßig mit der gesungenen und tonleiterartig ansteigenden Ansage »Phil-har-mo-nie« sowie verschiedenen scherzhaften Bemerkungen, die mir vor allem darüber Auskunft gaben, daß hier keine höflichen Busfahrer am Werk waren, sondern Spötter und Lästerzungen. Und hier, im 148er, ging mir auf, daß auch alle anderen Busfahrerfreundlichkeiten nichts anderes waren als Freundlichkeitsparodien. Die Busfahrer waren gar nicht freundlich. Sie imitierten die Freundlichkeit bloß und machten sich darüber lustig. Seit ich das begriffen habe, lasse ich mich von keinem Busfahrer mehr auf diese unverschämte Weise anlächeln. Und auch die freundliche Akzeptanz eines Fünfzigmarkscheins verstehe ich nun genauso, wie sie gemeint ist: als bloße Parodie auf die freundliche Akzeptanz eines Fünfzigmarkscheins. Wohl lächelt der Busfahrer, doch in Wahrheit denkt er nach wie vor, daß der Bus ein Bus und keine Wechselstube ist. Die heuchlerische Freundlichkeit der Busfahrer ist in Wahrheit eine perfidere Art der Aggression als ihre ehemals offene Unfreundlichkeit. Gegen letztere konnte man sich wehren, doch ersterer ist man schutzlos ausgeliefert. Insofern bin ich fast schon dankbar dafür, daß sich die Berliner Kellner, Kartenabreißer, Bademeister und Platzwarte weiterhin so verhalten, wie sie sich immer schon verhalten haben. Speziell die Berliner Kellner, die aus allen Ländern der Welt stammen können, in Berlin aber sogleich zu Berliner Kellnern werden, laufen nicht Gefahr, sich dem Vorwurf auszusetzen, ein heuchlerisches Verhalten an den Tag zu legen. Auch habe ich unter den Berliner Kellnern noch keinen einzigen Freundlichkeitsparodisten angetroffen. Die Berliner Kellner sind grundehrliche Menschen, die dem Gast offen zeigen, daß sein Erscheinen ein Problem darstellt, auf das man im Grunde nicht vorbereitet ist. Wobei ich darüber hinaus immer wieder die Erfahrung machen muß, daß die Berliner Kellner speziell auf mein Erscheinen nicht vorbereitet sind. Anders kann ich es mir nicht erklären, daß jedesmal, wenn ich ein Berliner Restaurant betrete, der Kellner, der eben noch an meinem Tisch bedient hat, nun nicht mehr an meinem Tisch bedient. Wohl räumt er noch die Reste des letzten Gastes ab, doch meine Bestellung will er nicht entgegennehmen, da dieser Tisch nun von einem anderen Kollegen bedient werde. »Revierwechsel« nennt das der Berliner Kellner. Allerdings besteht der Revierwechsel allein darin, daß der für meinen Tisch zuständige Kellner aus meinem Revier in ein anderes wechselt, daß aber kein Kellner aus einem anderen Revier in mein Revier wechselt. Insofern ist der sogenannte Revierwechsel nichts anderes als die Flucht des Kellners vor dem Gast beziehungsweise vor mir. Einige Male habe ich versucht, dem Revierwechsel der Kellner durch einen Revierwechsel meinerseits zuvorzukommen, indem ich mich erst an einen Tisch und, sobald ich sicher war, daß der Kellner mich bemerkt hatte, an einen anderen Tisch setzte. Ich mußte allerdings feststellen, daß immer dann, wenn ich selbst einen Revierwechsel vornahm, die jeweils zuständigen Kellner nicht im Traum daran dachten, ihrerseits einen Revierwechsel vorzunehmen. Was zur Folge hatte, daß mich der Kellner des ersten Reviers nicht bediente beziehungsweise die Bestellung aufnahm, weil ich ja nicht mehr in seinem Revier saß, daß mich aber auch der Kellner des zweiten Reviers nicht bediente beziehungsweise die Bestellung aufnahm, da er anscheinend davon ausging, daß der Kellner im ersten Revier die Bestellung bereits aufgenommen hatte. Inzwischen habe ich mich insofern an die Situation gewöhnt, als ich davon ausgehe, daß jeder Restaurantbesuch auf den prinzipiellen Widerstand der dort beschäftigten Kellner stößt, mir auch nur die geringste Aufmerksamkeit zuteil werden zu lassen. Was zur Folge hat, daß ich schon beim Betreten eines Restaurants eine nicht geringe Wut auf die dort tätigen Kellner verspüre, es in Wahrheit auch für eine Zumutung halte, auf das Wohlwollen dieser mir gänzlich fremden Menschen angewiesen zu sein, und mich am liebsten, noch ehe ich mich hingesetzt habe, über sie beschweren würde. Da ich weiß, daß mich die Kellner wiederum am liebsten gar nicht bedienen würden, neige ich dazu, die übliche Anstandsfrist, die man normalerweise wahrt, ehe man einen Kellner ungeduldig zu sich an den Tisch ruft, gar nicht erst einzuhalten und den jeweiligen Kellner, sofort nachdem ich Platz genommen habe, an meinen Tisch zu rufen, was die Stimmung noch zusätzlich verspannt. Es herrscht, kurz gesagt, offene Feindschaft zwischen den Berliner Kellnern und mir. Der Berliner Kellner ist der Hauptfeind, während der Berliner Platzwart der Nebenfeind ist. Der Berliner Kellner ist eine Art Wutgegner, während der Berliner Platzwart eine Art Angstgegner ist. Wobei ich speziell an den Platzwart des Wilmersdorfer Stadions denke, das sich gleich neben dem Wilmersdorfer Sommerbad befindet. Der Platzwart des Wilmersdorfer Stadions war viele Jahre überhaupt nicht in Erscheinung getreten, falls es damals überhaupt einen Platzwart gegeben hat. Der Rasen des Stadions war ungeschnitten, die Sitzbänke verwittert und zum Teil gar nicht mehr vorhanden, die Aschenbahn voller Unebenheiten und Unkraut. Allerdings hatte jemand in der Südostecke des Stadions die terrassenförmig angelegten Sitzreihen über mehrere Reihen hinweg mit Weinstöcken bepflanzt und einen kleinen Weinberg angelegt, der im Unterschied zum Rest der Anlage auch sorgfältig gepflegt wurde. Obwohl ich regelmäßig meine Runden auf der Aschenbahn drehte, habe ich nie jemanden bei den Weinstöcken gesehen, und ich habe auch niemals erfahren, ob die Trauben geerntet und zu Wein gemacht wurden. Aber der Wilmersdorfer Weinberg hat ganz ohne Zweifel dazu beigetragen, daß besonders an warmen Sommerabenden eine mediterrane Atmosphäre über dem Stadion lag. Man brauchte nur das Rauschen der Stadtautobahn und den leicht bitteren Geruch, der von der Zigarettenfabrik an der Forkenbeckstraße herübergeweht wurde, zu ignorieren, um sich einbilden zu können, nicht mehr in Wilmersdorf seine Runden zu drehen, sondern auf dem zypressengesäumten Weg nach Marathon zu sein. Das änderte sich mit dem Tag, als der Rasen komplett erneuert wurde. Mit dem neuen Rasen kam auch ein neuer Platzwart und mit dem Platzwart das Ende der südlichen Seligkeit. Merkwürdigerweise wurde nur der Rasen des Spielfeldes erneuert, ansonsten aber geschah nichts. Auch durften wir Läufer weiterhin die Aschenbahn benutzen, allerdings durfte niemand den Rasen betreten. Bis zu seiner Erneuerung hatte ich es mir angewöhnt, nach dem Lauf noch ein paar gymnastische Übungen auf dem Rasen zu machen oder mich dort einfach nur auszustrecken, durchzuatmen und in den Himmel zu schauen. Nun wachte der Platzwart über den Rasen, und er tat dies von seinem gleich links neben dem Weinberg und oberhalb der Sitzreihen gelegenen Häuschen aus. Obwohl die Stadionanlagen weitgehend verrottet waren, funktionierte die Lautsprecheranlage noch, und der Platzwart bediente sich ihrer, um den Rasen vor dem Betretenwerden zu schützen. Sobald ich auch nur einen Fuß auf das Grün setzte, dröhnte die Stimme des Platzwartes aus allen vier auf dem Gelände verteilten Lautsprechern: »Runter vom Rasen!« Die Anlage schien noch aus den dreißiger, vierziger Jahren zu stammen. Sie rasselte, rauschte und verlieh der Stimme des Sprechers einen metallenen, schneidigen Klang. Wenn die Stimme des Platzwartes aus dem Lautsprecher dröhnte, war der Platzwart selbst nicht zu sehen. Der

Platzwart zeigte sich erst, wenn er mehrere Male hintereinander genötigt wurde, sein »Runter vom Rasen!« zu brüllen. Normalerweise befolgte ich die Aufforderung sofort, denn die anonyme Stimme war beeindruckend genug. Andererseits ließ der Eindruck der Stimme mit der Zeit nach, so daß ich gelegentlich wagte, mich nach der ersten Ermahnung ein zweites Mal auf den Rasen zu begeben, was aber sofort wieder mit einem Lautsprecherbefehl geahndet wurde. Der Platzwart schien einen genauen Überblick über jeden meiner Schritte zu haben, obwohl ich, wenn ich den Rasen betrat, dies immer nur an der Stelle tat, die am weitesten vom Häuschen des Platzwartes entfernt war. Nachdem ich mich mit der Zeit auch an die wiederholte Lautsprecheraufforderung gewöhnt hatte, versuchte ich meine Handlungsmöglichkeiten insofern zu erweitern, als ich nach absolviertem Lauf und nach wiederholter Ermahnung die Schuhe auf den Rasen stellte, um mich noch ein wenig mit bloßen Füßen auf der Bahn zu bewegen. Doch auch dies quittierte der Platzwart mit einem donnernden »Schuhe vom Rasen!« Das »Schuhe vom Rasen!« war die dritte Aufforderung, und die dritte Aufforderung bedeutete, daß der Platzwart nun aus seinem Häuschen trat, sich eine Zigarette anzündete und mich mit Hilfe eines Fernglases beobachtete. Ich nahm sofort die Schuhe an mich, hüpfte aber noch ein wenig auf der Bahn herum, um mich nicht als zu willfährig zu zeigen. Da das persönliche Erscheinen des Platzwartes mich einerseits wohl beeindruckte, es andererseits aber auch keine weiteren Konsequenzen nach sich zog, suchte ich bald darauf noch einmal meinen Spielraum zu erweitern, indem ich nicht nur drei Ermahnungen und damit das persönliche Erscheinen des Platzwartes provozierte, sondern den Auftritt des Mannes zugleich ignorierte und die Schuhe nicht vom Rasen nahm. Statt dessen legte ich mich neben die Schuhe und begann mit meinen Atemübungen, die ich allerdings durch sogenannte Sit-ups unterbrach, um den Platzwart im Blick zu behalten, der mich weiterhin durch das Fernglas betrachtete. Letzteres konnte ich in Kauf nehmen, das waren mir der Rasen und die gymnastischen Übungen wert. Ein paar Tage später versuchte ich mit der gleichen Methode mein Bewegungsprogramm zu absolvieren. Auch jetzt wurde ich dreimal ermahnt und widerstand den Ermahnungen. Ich stellte die Schuhe auf den Rasen, machte meine Übungen und bemerkte während eines Sit-up, daß neben dem Platzwart zwei Polizisten standen, die ebenfalls, allerdings ohne Fernglas, in meine Richtung blickten. Ich erstarrte für einen Moment, setzte dann aber die Sit-ups fort, denn auch die Polizisten schienen wie erstarrt. In dem Augenblick aber, als sie erste Anstalten machten, die Tribüne in Richtung Aschenbahn hinabzusteigen, nahm ich die Schuhe vom Rasen und verschwand durch den rückwärtigen Ausgang des Stadions, der sich in unmittelbarer Nähe vom Eingang des Wilmersdorfer Sommerbades befindet. Ich hatte genug Zeit, um einigermaßen gelassen zum Schwimmbad hinüberzugehen und in aller Ruhe und mit beruhigtem Atem eine Eintrittskarte zu lösen. Die Dame an der Kasse gehörte zu den typischen Berliner Schwimmbadkassiererinnen alten Stils, denn sie zeigte auf meine Bitte nach einer Eintrittskarte keinerlei Reaktion. Statt dessen wandte sie den Kopf nach links und begann ein Gespräch mit einem der Bademeister, der neben der geöffneten Tür des Kassenhäuschens seinen Dienst als Kontrolleur und Kartenabreißer versah. Nachdem ich meinen Wunsch nach der Eintrittskarte mit etwas lauterer Stimme wiederholt hatte, erhob sich die Kassiererin und verließ ihren Platz. Verärgert und da ich jederzeit mit dem Eintreffen der beiden Polizisten rechnen mußte, wollte ich ohne Eintrittskarte das Freibad betreten, was aber der Bademeister verhinderte, der, ganz ähnlich wie der Busfahrer, seinen Arm wie eine Schranke ausklappte und auf berlinerisch zu mir sagte: »Wo soll's denn hingehen, Meister?« Der Bademeister war ein übergewichtiger Mensch mit alkoholgeröteter Gesichtshaut, der ein ärmelloses T-Shirt mit der Aufschrift »Arnold« trug. Wenn mich etwas an den Berlinern ärgert, dann ist es die Anrede »Meister«. Die Berliner pflegen jeden, dem sie ihre Mißachtung zeigen wollen, mit »Meister« anzureden. Am liebsten hätte ich dem Bademeister handgreiflich gezeigt, wer hier der Meister ist. Aber in körperlichen Auseinandersetzungen war ich unerfahren, außerdem konnten die beiden Polizisten jeden Moment erscheinen, und eine Eintrittskarte hatte ich auch nicht. Statt dessen sagte ich zu dem Bademeister: »Ihr blödes Berlinerisch können Sie sich sparen«, worauf dieser unsicher hinter sich blickte, als hätte ich mich mit jemand anderem unterhalten. Dann sagte ich nichts mehr. Und auch der Bademeister sagte nichts mehr. Er hielt den Arm weiterhin heruntergeklappt, ich starrte über seine Schultern in die Wipfel der Pappeln, die das untere Ende der Liegewiese säumten. Wir schwiegen und wußten nicht, was zu tun war. Das wäre der rechte Moment für die Polizisten gewesen. Doch die Polizisten kamen nicht. Statt dessen erschien die Kassiererin mit einer großen Rolle Eintrittskarten in der Hand. »Die Eintrittskarten«, sagte sie zu dem Bademeister, der seinen Arm wieder einklappte und mich mit einem leicht angeekelten Anheben des Kopfes an die Kasse zurückverwies. Hier kaufte ich, nachdem die Kassiererin die Rolle in die Zählmaschine eingefädelt hatte, eine Eintrittskarte, reichte sie dem Bademeister, der sich aber weigerte, sie auch nur anzuschauen, und mich mit einem weiteren, ebenso angeekelten Anheben des Kopfes in Richtung Umkleidekabinen schickte. Ich ging aber nicht zu den Umkleidekabinen, sondern setzte mich auf die Steinterrassen, die sich am oberen Rand

Mein Ausweg

Mein Frieden

Mein Geheimnis

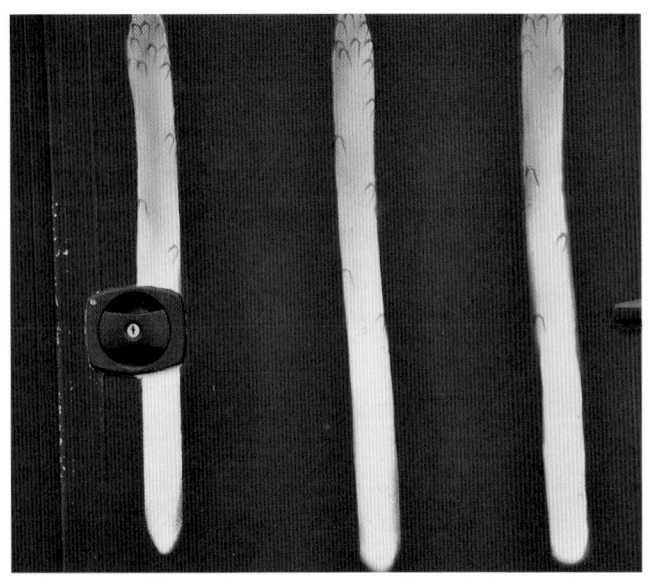

Mein Gemüse

Mein Haßobjekt

Mein Kreuz

Mein künstlerisches Berlinfoto

Mein Sternzeichen

Mein Vater

Mein Winter

Meine Ausrede

Meine Dankbarkeit

Meine Geschichtskenntnisse

Meine Gesundheit

Meine Mitmenschen

Meine Mitte

des Fünfzigmeterbeckens befinden und wo die meisten der Stammgäste ihre bevorzugten Plätze haben. Es war ein bewölkter Dienstag vormittag, das Schwimmbad war schwach besucht, und auf den Steinterrassen hatte sich, neben zwei, drei mir völlig unbekannten Personen, bei denen es sich um Zufallsbesucher handeln mußte, nur einer der Stammgäste eingefunden. Bei diesem Stammgast handelte es sich um einen Mann, der für mich nicht nur einer der typischen Berliner Schwimmbadbesucher war, sondern in gewisser Weise auch mein Lieblingsberliner. Der Mann war ungefähr zwischen vierzig und fünfzig, doppelt so dick wie der Bademeister und jeden Tag im Schwimmbad. Außerdem hatte er schon vom ersten und zumeist noch kühlen und regnerischen Öffnungstag an einen tiefroten Sonnenbrand auf Rücken, Schultern und Armen. Wie viele der typischen Berliner Schwimmbadbesucher ging er nur selten ins Wasser und lag die meiste Zeit auf den Steinterrassen. Was ihn aber für mich interessant machte, war die Tatsache, daß er im Unterschied zu allen anderen niemals ein Handtuch dabeihatte und es ganz offensichtlich liebte, mit weit von sich gestreckten Armen und Beinen auf den rohen Steinen zu liegen. Und zwar auf dem Bauch. Ich habe noch niemals einen Menschen so sehr am Boden liegen sehen wie diesen Mann. Er lag so dicht und fest am Boden, daß man die Schwere, die ihn an den Boden drückte, gewissermaßen noch unter den eigenen Füßen spüren konnte. Und ich habe auch noch niemals einen Menschen so lange am Boden liegen sehen wie ihn. Er legte sich am Vormittag hin und stand am späten Nachmittag wieder auf. Ich schätze, daß er im Durchschnitt und wenn das Wetter gut war und die Steine einigermaßen warm waren, sechs bis acht Stunden am Boden lag. Und er lag nicht nur sehr fest, sehr dicht und sehr lange am Boden, sondern auch sehr ruhig, fast bewegungslos. Ab und zu jedoch konnte es

passieren, daß ein wenig Wasser von den Duschen am Bek-
kendurchgang zu ihm herübergeweht wurde. Dann ging ein
leises und lustvolles Zittern durch seinen Körper, das sich
aber sofort wieder beruhigte und um das ich ihn, meinen
Lieblingsberliner, auf ehrliche Weise beneidete.

[1997]

IM SCHWIMMBAD

Es rauscht wie früher
durch meinen Mittagsschlaf.
Träger Wind in den Hecken.
Auf dem Sprungturm klappert
das Absperrschild. Ansonsten geschieht
nichts. Oder so gut wie nichts.
Ich träume wie früher
von einem Muskelkörper und
Mädchen mit Kokosöl. Hier
sehen sie aus wie vor
sechzig Jahren. Quadratbüstenhalter.
Bund-deutscher-Mädchen-Höschen.
Das müssen die Neunziger sein.
Ich schließe die Augen
und sehe nach oben.
Mein Himmel ist voller
Bikinis. Den echten natürlich.
Aus meiner Zeit. Gelb mit roten Punkten
zum Beispiel. Dreieckig, fast
ohne Stoff und zum wahnsinnig
unglücklich sein.

[2000]

SOMMERTAG IN FRIEDENAU

Diesen Tag will ich loben,
obwohl ich des Lobens unkundig
bin, aber ich habe dem Glück
ein Aspirin geopfert und meinem
Leben eine Stunde im Straßencafé,
alle schoben ihre Räder heran,
niemand nahm mir die Zeitung weg,
alle blätterten in sich selbst,
die stillen, die träumenden Frauen,
ich sah ihre Schultern, ich trank
meinen Tee, diesen Tag will ich
loben, obwohl ich des Lobens,
des Lebens unkundig bin.

[1990]

Der Frühmittelalterkurs war anstrengend gewesen. Ein abgedunkelter, aber überhitzter Seminarraum. Müde Studenten. Ein ebenso müder Dozent, der während des Dozierens Pfeife rauchte. Auch einige Studenten rauchten. Allerdings Zigaretten. Man saß nicht nur in einem heißen, sondern auch verqualmten Seminarraum, schaute den aufsteigenden Rauchschwaden nach und versuchte mit müdem Hirn und halb ohnmächtig den Ausführungen des Dozenten zur karolingischen Renaissance zu lauschen. Am Ende der Sitzung flüchteten sie lärmend und lachend wie halbwüchsige Schüler aus dem Seminarraum. Einige der Studenten eilten nicht sofort zu den Fahrrädern oder zur U-Bahn, sondern blieben vor dem Seminargebäude stehen, um noch etwas zu unternehmen. Drei Studentinnen schlugen vor, zum Bullenwinkel zu fahren. Paul war der einzige, der mitkommen wollte. Obwohl er kein Badezeug dabeihatte. Aber am Bullenwinkel brauchte man kein Badezeug. Die anderen wollten in einen Biergarten gehen oder sich einen schattigen Platz in einem der umliegenden Parks suchen.

Paul kannte die drei Mädchen bisher nur aus dem Seminar. Eine von ihnen hieß Andrea, das wußte Paul, weil sie sich öfter meldete und vom Dozenten mit Namen aufgerufen wurde. Die drei saßen meistens zusammen und waren offenbar gut miteinander befreundet. Diesmal war es nicht das Freundschaftsbündnis der Dicken, sondern das der Hübschen: rot, blond und braun. Wie im Schlager. Andrea hatte dichtes rötliches Haar mit Locken, die an Rastalocken erinnerten. Allerdings sah ihr Rot stark nach Henna aus. Bei der blonden Kommilitonin schimmerte im Bereich der Haarwurzeln dunkles Haar hindurch. Nur die Braunhaarige schien ihr Haar nicht gefärbt zu haben. Aber auch das war nicht sicher.

Daß Paul nun mit drei jungen Frauen und zukünftigen Geschichtslehrerinnen an einem glühendheißen Julitag und kurz vor Beginn der Semesterferien an einen Nacktbadestrand fuhr, fand er auch im nachhinein noch aufregend. Um so aufregender hatte er es damals gefunden, sich aber nichts anmerken lassen. Man war eben locker. Man ging ja auch mit allen möglichen Leuten in die Sauna. Ebensogut konnte man zum Bullenwinkel gehen und schwimmen. Das Nacktbaden am Bullenwinkel wurde von den Behörden geduldet, so daß es dort auch seit längerem schon keine Polizeikontrollen mehr gab. Und der Strand wurde zumeist von jüngeren Leuten besucht, Schülern und Studenten vor allem. Das sollte sich erst in den Jahren darauf ändern, als sich immer mehr Voyeure und Exhibitionisten dort herumtrieben, darunter viele ältere Männer. Da der Strand dicht am Spazierweg lag, der um den See führte, nahm auch der Anteil der älteren Männer unter den Spaziergängern immer mehr zu. Auch den einen oder anderen Türkenpapi konnte man nun um den Grunewaldsee spazieren und oberhalb des Bullenwinkels verweilen und Ausschau halten sehen. Ohne Familienanhang, versteht sich. Dafür aber mit Sonnenbrille und unbewegter Miene, als würde er über türkische Grenzprobleme oder sonst etwas Staatstragendes nachdenken. Hinzu kamen einige Dauerbewohner, die sich provisorische Unterkünfte, zeltartige Behausungen am Bullenwinkel gebaut hatten und dort den ganzen Sommer verbrachten. Meist in leicht angetrunkenem Zustand. Die Dauerbewohner waren es auch, die die ersten Hunde mit zum Bullenwinkel brachten. Die Hunde hatten wiederum nichts Besseres zu tun, als sich zwischen den dösenden und schlafenden Nackten herumzutreiben und die Intimzonen zu beschnüffeln. Ein Schnüffelparadies. Gelegentlich konnte man beobachten, wie ein Schlafender oder eine Schlafende von einer kaltfeuchten Hundeschnauze, die sich zwischen die Beine oder gar Pobacken verirrt hatte, aufgeweckt wurde. Einmal hatte Paul gesehen, wie ein junger Mann auf diese Weise aus dem Schlaf gerissen wurde und wegen der Zudringlichkeit des Hundes beinahe eine Prügelei mit den Zeltbewohnern begonnen hätte. Was angesichts der durchtrainierten und muskulösen Gestalt des jungen Mannes für die Zeltbewohner nicht gut ausgegangen wäre. In diesem Fall allerdings ganz zu Unrecht, denn der Hund hatte längst das Weite gesucht und gehörte gar nicht zu den Zeltbewohnern, sondern einem Spaziergänger.

Einerseits fanden sich also immer mehr Voyeure unter den Spaziergängern. Andererseits nahm auch die Anzahl der Exhibitionisten unter den Nackten zu. Die lebten ihren Exhibitionismus insofern aus, als sie sich anfangs wie jeder andere auch am Strand auszogen und auf ihr Handtuch oder ihre Decke legten, irgendwann aber kleinere Wanderungen in den umliegenden Grunewald unternahmen, um sich dort ahnungslosen Ausflüglern vollkommen nackt und nicht selten auch mit erigiertem Penis zu präsentieren.

Kein Wunder, daß der Bullenwinkel mit der Zeit zu einem öffentlichen Ärgernis wurde, der die Polizei, das Jugendamt, das Ordnungsamt und auch die Lokalpresse beschäftigte. Ganz gewöhnliche Spaziergänger und vor allem Familien mit Kindern wurden mehr und mehr abgeschreckt, den See aufzusuchen. Schräge Typen jeder Veranlagung und aus allen Bezirken Berlins wurden dagegen mehr und mehr angelockt, so daß irgendwann die Polizei massiv einschritt und das Nacktbadeverbot mit Ausweiskontrollen, Platzverweisen und Strafanzeigen durchsetzte. Auch die provisorischen Behausungen der Dauercamper wurden abgerissen, so daß bald der frühere Zustand wiederhergestellt war. Wenn auch nicht vollständig. Denn nun bemächtigten sich die Hundebesitzer des Strandes, ließen ihre Hunde dort schwimmen, spielen, sich begatten und die Notdurft verrichten und verleideten den Badenden den Strand.

Als Paul mit den drei jungen Frauen zum Bullenwinkel hinausfuhr, befand sich der Nacktbadestrand gerade in seiner schönsten und unschuldigsten Phase. Von den Behörden toleriert, von Voyeuren und Exhibitionisten noch nicht frequentiert und zumeist von jungen und attraktiven Menschen besucht. Der Paradieszustand. Aber wie in jedem Paradies, so lauerte auch hier der Sündenfall. Es war nicht so einfach, gegenüber den Verlockungen, die der Strand zu bieten hatte, Gleichmut zu bewahren. Als Paul sich zusammen mit den Frauen auszog und nackt in den Sand legte, fürchtete er sich denn auch vor unerwünschten körperlichen Reaktionen. Vielleicht waren deshalb alle anderen seiner Kommilitonen lieber in den Biergarten oder in den Park gegangen, statt sich mit drei hübschen jungen und zudem nackten Frauen am Bullenwinkel herumzuquälen. Paul bemühte sich, so zu tun, als fände er alles ganz normal. Die eigene Nacktheit ebenso wie die der Studentinnen neben ihm. Im Unterschied zu Paul hatten sie Handtücher dabei, Paul dagegen legte sich einfach in den Sand, der heiß war, grau und staubig. Schmuddeliger Grunewaldsand. Er fühlte sich entspannt genug, um sich wie die Frauen auf den Rücken zu legen und die Augen zu schließen. Andrea lag direkt neben ihm. Obwohl sie sich nicht berührten, spürte er ihre Körperwärme. Paul bildete sich ein, auch die Körperwärme der anderen beiden Frauen zu spüren, vielleicht gab es ja so etwas wie Körperwärmeübertragung. Zumal ihm auch vorkam, der Sand sei nicht von der Sonne, sondern von all den Körpern aufgeheizt. Die Namen der beiden anderen Studentinnen wußte er inzwischen auch: Die brünette hieß Flo oder auch Floh, obwohl es die kräftigste der drei war. Beinahe ein wenig muskulös, speziell die Oberschenkel waren Paul aufgefallen und ein geradezu durchtrainiert wirkender Hintern. Woher sie ihren Spitznamen hatte, konnte Paul sich nicht erklären. Vielleicht hieß sie ja Florentine – da war sie mit Flo in der Tat besser bedient. Die blonde beziehungsweise blondgefärbte hieß Martina und war eher dünn und jungenhaft, aber auf ihre Art trotzdem wohlproportioniert. Paul wäre gern näher an die Frauen herangerückt. An alle drei. Am liebsten aber an Andrea. Sie lag ja auch neben ihm. Er hatte gesehen, daß Andrea rötliches Schamhaar hatte. Der gleiche Farbton wie ihr Kopfhaar, das wohl doch nicht gefärbt war. Und sie hatte einen mädchenhaft weißen Körper, als würde sie sich niemals sonnen. Die beiden anderen dagegen waren offenbar schon öfter am Strand gewesen. Besonders Flo, die Athletin, war gebräunt wie nach einem Sizilienurlaub.

Paul lag neben den Frauen, hielt die Augen geschlossen und genoß die Wärme. Er hörte, wie die drei sich unterhielten. Sie redeten über das Frühmittelalter-Seminar und kicherten über den Dozenten, der anscheinend ein Auge auf Andrea geworfen hatte. Sie gehörte zu den wenigen, die er mit Namen anredete. Und die er immer gleich aufrief, wenn sie sich meldete. Aber der Dozent hatte natürlich keine Chancen. Sie nahmen ihn als Mann gar nicht ernst. Ein pfeiferauchender alter Mann. Auf jeden Fall über vierzig. Der war ihnen so fern wie ein Marsbewohner. Irgendwann würde er auch über vierzig sein, dachte Paul. Sie alle würden irgendwann über vierzig sein. Aber das zählte jetzt nicht. Jetzt zählte die Wärme, der sanfte Wind, das Blätterrauschen, das Plätschern des Wassers. Und der Salzgeruch. Paul spürte Salzgeruch. Dabei war er doch gar nicht am Meer. Er wandte den Kopf ein wenig zur Seite und betrachtete Andreas Achselhaare. Rötliche Achselhaare. Sie glitzerten. Kleine Schweißperlen hingen daran. Und winzige Salzkristalle an den Stellen, wo der Schweiß getrocknet war. Paul hatte Lust auf Salz. Er hätte gern von dem Salz probiert. Ein Salzkorn von Andreas Achselhaaren. Auf seiner Zunge.

Als hätte sie seine Gedanken gespürt, richtete Andrea sich plötzlich auf, holte Tabak und Zigarettenpapier aus ihrer Tasche und drehte sich eine Zigarette. Sie warf ihren Schatten auf Paul, der nun ihre Brüste von unten sehen konnte. Elfenbeinweiße Kegel mit rosa Spitzen. Er schloß wieder die Augen, hörte das Aufglimmen eines Streichholzes, hörte, wie Andrea an der Zigarette zog, und spürte kurz darauf den Rauch. Andreas Rauch. Paul atmete den Rauch ein. Zumindest einen Teil davon. Obwohl er Nichtraucher war. Ihm wurde auch sofort ein wenig schwindlig. Andrea rauchte ein paar Züge, dann hörte Paul, wie sie den beiden anderen ihre Zigarette anbot. Sie reichte die Zigarette weiter an ihre Nachbarinnen, legte sich wieder auf den Rücken und redete mit ihren Freundinnen. Er hörte das Wort Oberfranken. Er hörte das Wort Bamberg. Mit Bamberg konnte er nichts anfangen. Paul wurde müde. Er hörte die Stimmen der Frauen, die jetzt Bamberger Geschichten austauschten, er hörte das Wasser plätschern und die Bäume rauschen, und er begann von drei nackten jungen Frauen zu träumen, die neben ihm an einem heißen Sommertag am Grunewaldsee lagen.

Paul träumte und wurde immer müder. Er dämmerte weg. Er sank in heißen, schmutziggrauen Grunewaldsand. Und während er in den Grunewaldsand sank, richtete sich sein Glied langsam auf. Paul wurde immer müder und sein Glied immer wacher. Er sank in den Boden, und sein Glied reckte sich zum Himmel. Er konnte sich nicht dagegen wehren. Er war einfach zu müde, und es war einfach zu schön, hier zu liegen. Er träumte davon, ein Hund zu sein. Ein Hund am Bullenwinkel. Ein Hund im Schnüffelparadies. Ansonsten war er schwer wie ein Stein. Ein Findling im Urstromtal. Und seine Augenlider wie zugenäht. Es hätte unendliche Anstrengungen gekostet, sie auch nur einen Millimeter zu öffnen. Und je mehr sein Glied anschwoll, um so schwerer, bleierner und müder wurde er. Unendlich müde, bis er irgendwann richtig einschlief.

Er wurde erst wieder wach, als kein Laut mehr zu hören war. Alles war still um ihn. Kein Kichern, kein Oberfranken, kein Bamberg, keine Stimmen mehr. Nicht neben ihm und auch nicht weiter entfernt. Als wäre der Strand vollkommen leer. Auch das Wasser hörte er nicht mehr, kein sanftes Plätschern der Wellen, kein Windhauch bewegte auch nur ein einziges Blatt. Paul riß die Augen auf. Das erste, was er sah, war sein aufragendes Glied. Und neben ihm die drei Studentinnen, die nicht mehr lagen, sondern saßen und ihn betrachteten. Paul schoß das Blut in den Kopf. Was an seinem Zustand aber nichts änderte. In gewisser Weise fühlte sich sein Kopf nun genauso an wie sein Glied. Zum Platzen. Und noch ehe er überhaupt nachdenken konnte, tat er den Mund auf, rief »Scheiße«, drehte sich rasch herum und legte sich auf den Bauch. Immer noch blieb alles still. Paul wagte nicht aufzusehen. Er stellte sich vor, wie sämtliche Strandbesucher auf sein Glied gestarrt hatten, während er eingeschlafen war. Und nicht nur die. Auch den Blicken der Spaziergänger war er preisgegeben gewesen. Endlich erlöste ihn die Stimme von Andrea: »Ist ja nicht so schlimm«, sagte sie. Und Flo ergänzte: »Nur ein bißchen peinlich.« Schließlich gab die dünne Blonde mit einem »Das kann man wohl sagen« auch noch ihren Kommentar dazu ab.

Zum Glück legte Andrea kurz danach ihre Hand auf seine Schulter und tätschelte ihm verständnisvoll den Rücken. Paul sagte nichts. Er genoß Andreas Hand auf seinem Rücken. Sie fühlte sich warm und mütterlich an. Und langsam kehrten auch die Geräusche wieder. Er hörte Vogelgezwitscher. Er hörte Blätterrauschen. Die Rufe der Badenden. Kindergeschrei. Und als er die Augen öffnete, durfte er hoffen, daß ihn nicht alle Welt beobachtet hatte. Es sah zumindest nicht danach aus. Alle schienen mit sich beschäftigt. Paul war erleichtert. Er blieb trotzdem noch eine Weile auf dem Bauch liegen. Er drückte sein Glied in den Sand, bis es schmerzte. Es tat weh, aber es half nichts. Er versuchte an Dinge zu denken, die nichts mit Sex zu tun hatten. Er dachte an das Frühmittelalter. An die karolingische Renaissance. Doch man kann sich nicht vornehmen, nicht an Sex zu denken. Schon gar nicht in Begleitung von drei nackten jungen Frauen. Eine Zeitlang versuchte Paul nicht nur nicht an Sex, sondern an überhaupt nichts zu denken. Doch man kann sich auch nicht vornehmen, an überhaupt nichts zu denken. Schließlich begann er nach häßlichen Menschen Ausschau zu halten. Er drückte sein Glied in den Sand und suchte die Umgebung nach häßlichen Menschen ab, was gar nicht so einfach war, denn hier überwog die Jugend. Bis sein Blick auf einen Mann fiel, der oberhalb des Spazierweges aus den Büschen kam. Der Mann war der Vorbote des Niedergangs, den der Bullenwinkel bald erleiden sollte. Vorbote all jener, die hier ihren Perversionen frönen und ihre Deformationen zur Schau stellen sollten. Der Mann war nackt, ungefähr sechzig Jahre alt, und er litt offenbar unter einer krankhaften Hodenvergrößerung. Er trug einen fußballgroßen Hoden mit sich herum, dem aber die Luft auszugehen schien. Und sein Penis war entsprechend klein. Geradezu winzig. Ein Köpfchen, nicht viel größer als das einer Klitoris, schaute aus Schamhaar und zwischen haarigen Hautlappen hervor. Der Mann schien unter Hodenwucherung und Penisschwund zugleich zu leiden. Das war im Prinzip bedauernswert und kein Grund, sich über ihn zu beschweren. Aber mußte jemand mit solchen Symptomen auch noch Exhibitionist sein? Offenbar ja, denn der Mann legte sich nicht bescheiden in einer Ecke des Bullenwinkels auf sein Handtuch, sondern spazierte großspurig in der Gegend herum. Als wäre der monströse haarige Beutel zwischen seinen Beinen eine besondere Zierde. Als gäbe es nichts Prächtigeres als so einen Minipenis. Niemand schien den Mann besonders zu beachten. Vielleicht hatten sich die anderen schon an seinen Anblick gewöhnt. Vielleicht war er bereits Stammgast hier. Paul aber war schokkiert. Allerdings war der Anblick des Mannes ein heilsamer Schock, der ihn schlagartig von allen Verspannungen befreite.

[2010]

Mit Kindergefühlen klettern wir auf
die morsche Holzbrücke. Das faule
Gebälk riecht nach schmutzigen Knien,
nach Wasser und Sand auf brauner
schorfiger Haut. Die handgeschriebene
Bemerkung auf dem Verbotsschild finden
wir human und lächeln einverständig:
AUCH FÜR FUSSGÄNGER! So etwas gibt es
hier noch, denken wir, so wie es
Milch in Flaschen gibt und Tüten aus
braunem Papier. (Wir sehnen uns schon
wieder nach unseren Trümmern, während
sie gerade beginnen, die ihren zu
vergessen.) Um über die Brücke zu kommen
müßten wir springen, doch wir trauen
uns nicht. Die Enten tief unten haben
es leichter: Vereint mit den Bläßhühnern
schwimmen sie durch das zitternde
Wolkengewirr. In einem gemieteten Boot
rudern wir über den See. Auf dem
Uferweg steht der alte Fontane und
klopft seine Pfeife aus. Er sieht uns
nicht. Wir sehen ihn nicht. Aber er
ist immer noch da. Daß gerade heute
über uns ein Sachse durch den Weltraum
kreist, finden wir komisch. Er würde
gut in ein Holzboot passen, denken wir,
der Sachse mit seiner Neuruppiner
Freundlichkeit. An einem verwitterten

Bootssteg machen wir fest und kratzen
mit einem Nagel sein Denkmal in das
trockene Holz. Als käme Tschechow aus
Neuruppin, so weiß ist das Haus, so
hölzern. Auf der Terrasse liegt
Birkenlaub. Immer noch grünt es, und
immer noch scheint die rostige Sonne auf
den glänzenden See. Wir hängen die
Füße ins Wasser und kauen auf Gras. So
stellen wir uns manchmal den Sozialismus
vor: kopfsteingepflastert, rostfarben,
handgemacht. Etwas krumm und holprig
müßte er sein; wie braune, schorfige
Knie. So stolpern wir barfüßig unseren
Sehnsüchten nach. Auch für Fußgänger,
denken wir, führt ein Weg in den
Himmel hinein.

[1979]

KREUZBERG RENOVIERT

TÜRKISCHE MUSIK

Paul war in Kreuzberg umgeben von türkischem Alltagsleben, hatte aber keine türkischen Freunde oder auch nur Bekannte mit Ausnahme des türkischen Bäckers aus dem Vorderhaus. Der zudem zwei hübsche und bezaubernd keusche Töchter hatte, die wie Krankenschwestern gekleidet in hochgeschlossenen mehlweißen Kitteln und mit Kopftuch die Kundschaft bedienten, was den Vater so nervös machte, daß er ständig aus der Backstube in den Laden kam, um nach seinen Töchtern zu sehen. Pauls erster Kontakt mit dem Mann stand unter keinem guten Stern. Paul war in den Laden gegangen, um sich zu beschweren. Was ihm nicht angenehm war. Sich über Türken zu beschweren. Er war schließlich kein Kreuzberger Spießer, der auf ein Sofakissen gestützt am Fenster saß, rauchte, Dosenbier trank und auf die Ausländer schimpfte. So einer war Paul nicht. Paul war ausländerfreundlich. Er freute sich sozusagen über die Türken in Kreuzberg. Sie ergänzten auf wunderbare Weise die anderen drei großen Bevölkerungsgruppen des Stadtteils: Proleten, Kleinbürger und Studenten. Auch über die Türken aus Anatolien freute sich Paul. Und manchmal bedauerte er es, daß sie nicht noch eine Spur traditionsbewußter waren. Daß sie sich damit begnügten, drei Schritte vor ihren Familien die Straßen entlangzugehen und das Tragen der Einkaufstüten den Frauen zu überlassen. Ihm hätte es gefallen, wenn sie gelegentlich eine Schafherde über den Kottbusser Platz getrieben hätten. Oder mit einer Jagdflinte über der Schulter im Viktoriapark auf Kaninchenjagd gegangen wären. Auch gegen ein paar Ziegen im Hinterhof hätte er nichts gehabt. Und hoch am blauen Kreuzberger Himmel würden die Bergadler kreisen.

Das wäre ein Kreuzberg ganz nach seinem Geschmack gewesen.

Paul war der festen Überzeugung, daß alle Menschen überall ein Heimatrecht hatten. Solange sie niemandem Schaden zufügten. Und niemandem auf die Nerven gingen. Vor allem nicht durch laute Musik. Die schallte manchmal durch Pauls Hinterhof. Türkische Musik. Während er für das Studium arbeitete und beispielsweise für ein Seminar mit dem Thema *Vormoderne Lebenswelten* ein Referat schreiben mußte, das sich mit dem Lebensgefühl im Mittelalter beschäftigte, wozu es zum Glück sehr brauchbare Sekundärliteratur gab, lärmte aus irgendeiner der Wohnungen im Vorderhaus türkische Musik. Falls es solche Musik auch schon im Mittelalter gegeben hatte, wäre das vorherrschende Lebensgefühl damals wahrscheinlich Genervtheit gewesen. Erst Genervtheit, dann Endzeitstimmung. Paul hatte angesichts des Musiklärms oft genug gedacht: »Jetzt reicht's!« und sich vorgenommen, ins Vorderhaus zu gehen und Krach zu schlagen. Doch immer wenn seine Verärgerung ihren Höhepunkt erreicht hatte, an Lektüre oder Referatschreiben nicht mehr zu denken war und er vom Stuhl aufstand, um sich auf den Weg ins Vorderhaus zu machen, verstummte die Musik. Einfach so. Plötzlich war es still. Ohne jede Vorankündigung. Es war so still, als wäre im gesamten Universum noch niemals ein einziger Ton erklungen. Schon gar kein türkischer. Menschen, Tiere, Pflanzen – alles stumm. Selbst die Hintergrundstrahlung des Urknalls schien verstummt beziehungsweise erloschen. Eine aus Urzeiten kommende und in die Ewigkeit reichende Stille hüllte ganz Kreuzberg und besonders die Gegend zwischen Reichenberger Straße und Paul-Lincke-Ufer ein.

Paul hätte sich also wieder hinsetzen und weiter an seinem Referat arbeiten können. Theoretisch. Aber er arbeitete nicht weiter. Wenn er es versuchte und sich in all dieser Stille hinsetzte, dann hörte er seinen Puls pochen. Wie ein Specht an die Baumrinde, so hämmerte der Puls an die Innenseite seines Schädels. Mit so einem Puls konnte niemand ein Referat über das Lebensgefühl im Mittelalter schreiben. Da mußte man entweder Betablocker nehmen oder spazierengehen. Beziehungsweise Sport treiben. Laufen. Am Landwehrkanal entlang. Paul entschied sich für letzteres. Betablocker sollten erst später in seinem Leben eine Rolle spielen. Er gewöhnte sich an, immer wenn die Musik losging, seine Sportsachen anzuziehen und am Kanalufer zu joggen. Und da die Musik mit einer gewissen Regelmäßigkeit im Vorderhaus aufgedreht wurde, meistens gegen elf Uhr am Vormittag, trieb er auch mit einer gewissen Regelmäßigkeit gegen elf Uhr vormittags Sport und hätte sich fast einbilden können, daß der Musikterror aus dem Vorderhaus gut für seine Gesundheit war.

Anders verhielt es sich mit der Abluft aus der Bäckerei. Davor wollte er nicht auch noch davonlaufen. Der Bäcker aus dem Vorderhaus hatte irgendwann und ohne Vorankündigung eine Abluftanlage installiert, deren Rohre aus dem Bäckereifenster in den Hof führten und dort vorschriftswidrig auf halber Höhe endeten. So daß die Abluft und mit ihr ein schmalziger Backgeruch in die umliegenden Fenster und auch in Pauls Wohnung zog. Nun beschwerte sich Paul. Erst bei den Töchtern, die ihm das wohlmeinendste und schönste Lächeln schenkten, das man sich denken kann. Und dann bei ihrem Vater, der sich mit ernstem Gesicht Pauls Beschwerde über die Geruchsbelästigung anhörte, Paul in allem beipflichtete und schließlich, als Paul seine Beschwerde beendet hatte, auf Paul zuging, ihn bei den Schultern faßte, die Schultern erst ein wenig knetete, mit Händen, die das Kneten gewohnt waren, und ihn schließlich an sich drückte. Der Mann war einen Kopf größer als Paul und auch um einiges breiter, und Paul sah sich wenn nicht in Abrahams Schoß gebettet, so doch an Abrahams Brust gedrückt.

Der Mann roch nach Mehl. Nach Mehl und nach Schweiß, letzteres aber nur leicht, so daß Paul sich die Umarmung ohne größere Widerstände gefallen ließ. Zumal sie auch nur ein paar Sekunden dauerte und der Mann ihn mit der gleichen Direktheit, mit der er ihn an sich gedrückt hatte, wieder aus der Umarmung entließ. Über die schmalzige Abluft verlor er kein Wort. Er lud Paul vielmehr ein, seine Familie kennenzulernen. Seine Frau und die Mutter seiner Frau, die auch bei ihnen lebe. Obwohl sie sich lange gesperrt habe und lieber in Diyarbakır geblieben wäre, das sei in Südostanatolien, woher sowohl seine Frau als auch er selbst stammten. Aber das gehe nicht, sie sei zu alt, um sich alleine zu versorgen. Und sie hänge an ihrem Urenkel. Darum lebe sie nun bei ihnen. Seine älteste Tochter habe nämlich einen kleinen Sohn. Vielleicht könne Paul am Sonntag nachmittag kommen. Da sei die Bäckerei zwar auch geöffnet, aber es werde nicht gebacken. Seine Frau würde Kaffee kochen. Deutschen Kaffee, wenn er es wünsche. Dann lachte er und sagte, daß sie zu Hause auch ohne deutschen Besuch manchmal deutschen Kaffee trinken würden. Er habe keinen Sohn, aber drei Töchter, und er trinke freiwillig deutschen Kaffee. So sei das eben, wenn man im Ausland lebe.

Paul bedankte sich für die Einladung und wußte sofort, daß er den Bäcker und seine Familie nicht zum Sonntagskaffee besuchen würde. Und daß er auch nicht den Urenkel und die Uroma kennenlernen wollte. Nur die nach schmalzigen Backwaren riechende Abluft im Hinterhof wollte er loswerden. Zugleich beschäftigte ihn die Frage, ob so eine türkische Uroma überhaupt in Deutschland leben dürfe. Brauchte die ein Visum und eine Aufenthaltsgenehmigung. Oder war sie illegal hier? Oder als Touristin? Um alle drei Monate über die türkische Grenze und gleich wieder zurückgebracht zu werden? Was auch ziemlich anstrengend sein mußte für so eine Uroma. Und irgendwann nicht mehr möglich sein würde. Wenn sie ein Pflegefall war. Oder bekamen Angehörige von türkischen Gastarbeitern, wenn sie Pflegefälle waren, ein unbeschränktes Aufenthaltsrecht in Deutschland? Und wenn ja, galt das nur für Angehörige ersten oder auch für Angehörige zweiten Grades? Nicht nur für Omas und Opas, sondern auch für Tanten und Onkel? Er sah Formulare vor sich und Stempel. Und massenhaft Pflegefälle in türkischen Familien, die allesamt Anträge, Bescheide und Stempel erforderten. Pauls Gehirn verwandelte sich in das eines Sachbearbeiters der Ausländerbehörde. Aber wer so eine Schmalzgebäckluft schon einmal gerochen hat, der würde Verständnis für seine Gehirntätigkeit haben. Von dem Geräusch der Abluftanlage ganz abgesehen, die jeden Morgen gegen vier Uhr, wenn der Bäcker den Backofen in Betrieb nahm, mit einem dumpfen Brummgeräusch ansprang. Gegen den Lärm konnte man sich immerhin noch mit einem Kissen oder der Bettdecke wehren. Mund und Nase aber ließen sich nicht zustopfen.

Paul hätte den Bäcker am liebsten nach der Aufenthaltsgenehmigung für seine Schwiegermutter beziehungsweise die Großmutter seiner Töchter gefragt. Aber als er den Mann anschaute, der immer noch darauf wartete, daß Paul die Einladung zum Familienbesuch annahm, wagte er es nicht einmal, seine Beschwerde zu wiederholen. Er blickte in die erwartungsvollen und zugleich ängstlichen Augen des Bäckers. Und er sah, daß das Gesicht des kräftigen Mannes, der da in seinem Bäckerunterhemd vor ihm stand und dem man ohne Zweifel einen Zentnersack Mehl auf die Schultern hätte laden können, bereits greisenhafte Züge besaß. Obwohl er wahrscheinlich ein Mann in den besten Jahren war, wie man so sagte. Anfang oder Mitte Fünfzig. Aber das waren gar nicht die besten Jahre. Und schon gar nicht für einen türkischen Bäcker in Berlin-Kreuzberg, dessen Bäckerei die Schwiegermutter, die Ehefrau und noch mindestens zwei seiner drei Töchter ernähren mußte. Solche von chronischem Schlafmangel schwarz umränderten Augen und zugleich vollständig ergrauten Haare hatte man nicht in den besten Jahren. Die waren das Ergebnis eines Lebens, in dem es nie beste Jahre gegeben hatte. Wenn es gut war, dann war es Mühe und Arbeit gewesen. Nur insofern war das Leben des Bäckers vielleicht gut gewesen. Sein Lebenswerk war diese Kreuzberger Bäckerei. Und sein größtes Glück bestand darin, daß zwei seiner drei Töchter ihr Auskommen ebenfalls in der Bäckerei fanden und er sie auf diese Weise immer unter Kontrolle hatte. Bis sie irgendwann heiraten würden. Und jetzt kam der Geschichtsstudent aus dem Hinterhaus und machte dem Bäcker angst. Paul sah die Angst in den dunkel umränderten Augen des Bäckers. Und er sah sie auch in den noch immer freundlichen Gesichtern seiner beiden Töchter, die es bisher nicht gewagt hatten, auch nur ein einziges Wort zu sagen.

Der Bäcker tat ihm leid. Er tat ihm leid dafür, daß jemand wie Paul das Kreuzberger Hinterhofleben samt türkischem Bäcker einschließlich schmalzhaltiger Abluft irgendwann als Anekdote aus seiner Studentenzeit abtun würde. Das wußte Paul jetzt schon. Daß er gerade dabei war, eine biographische Anekdote zu erleben. Der türkische Bäcker, seine drei Töchter und die nach Schmalzgebäck riechende Abluft würde die Anekdote überschrieben sein. Die er später gern erzählen würde. Und immer mit dem Hinweis versehen, daß er keinesfalls etwas gegen Türken habe. Nur gegen Abluft, die in sein Schlafzimmer drang, habe er etwas gehabt.

Paul wußte auch, daß der Tag kommen würde, an dem er

zur bloßen Anekdote für jemand anderen wurde, während es für ihn selbst vielleicht um die Existenz oder gar sein Leben ging. Aber der Tag war hoffentlich noch weit entfernt, und er wollte jetzt nicht darüber nachdenken. Er wollte auch keinem kräftig gebauten türkischen Familienvater in den besten Jahren gegenüberstehen und in dessen ängstliche Augen schauen. Paul verabschiedete sich mit den Worten, daß er wegen des Besuches am Sonntag noch Bescheid sagen werde. Er müsse vorher noch seinen Terminkalender konsultieren.

Nach dem Gespräch mit dem Bäcker war Paul nicht zurück in die Wohnung gegangen, sondern Richtung Kanalufer, um einen Spaziergang zu machen. Er wußte, daß die Wohnung Vergangenheit für ihn war. Das wußte er zwar erst seit fünf Minuten, aber die fünf Minuten reichten, um aus der Wohnung, in der er zur Zeit wohnte, eine Wohnung zu machen, in der er früher einmal gewohnt hatte. Er wohnte zwar noch immer dort, aber sein Lebensgefühl nicht mehr. Sein Lebensgefühl hatte die Wohnung bereits verlassen. Sein Lebensgefühl war schon in einer anderen Wohnung, die er allerdings noch suchen mußte, was wiederum nicht so einfach war, auch wenn es nur um eine armselige Kreuzberger Hinterhofwohnung ging. Die allerdings hell sein sollte und ruhig. Und ohne Gewerbebetrieb im gleichen Haus. Und solch eine armselige helle, ruhige und durch kein Gewerbe beeinträchtigte Hinterhofwohnung war schon schwerer zu finden. Falls es so etwas in Kreuzberg überhaupt gab. Vielleicht mußte er Kreuzberg verlassen. Und nach Wilmersdorf ziehen. Wo die Wilmersdorfer Witwen lebten. Da störte ihn niemand. Da schnarchten allenfalls die Pudel. Aber Wilmersdorf war teuer. Und die Vermieter wollten eine Verdienstbescheinigung sehen. Das wollte sein Kreuzberger Vermieter nicht. Der hatte doch selbst keine Verdienstbescheinigung. Der besaß zwar ein Mietshaus, lief aber mit Vorne-kurz-hinten-lang-Frisur und einer Bierflasche in der Hand durch die Gegend. Der hätte sich die Miete am liebsten an jedem Ersten bar auf die Hand zahlen lassen.

[2010]

KREUZBERG RENOVIERT

Wunderbare Mietskasernen
Unter frisch entstrahlten Sternen
Altbau hoch und Neubau nieder
Alle Nachbarn werden Brüder

Alle Häuser werden Hütten
Tango Gurken Koks und Quitten
Erdbeersekt im Steinehimmel
Selbst der unschlagbare Schimmel

Schimmelt jetzt in Veilchenblau
Die ganze Welt ein Formenregen
In jeder Brust auf allen Wegen:
Postmoderner Wärmestau

[1987]

PRENZLAUER BERGBESTEIGUNG

Mit Seil und Hacke fuhr ich hinüber,
irgendwo muß es doch sein, das Aschewunder,
das herrliche Röcheln unter dem Pflaster.
Da war sie: die Kneipe, verrottete Möbel,
zerrissene Dichter, da war sie: die Hauswand,
verwitterte Inschrift, Zwiebeln und Kohlen.
Ich seilte mich aufwärts, stand auf dem Gipfel
im Braunkohlehimmel, ich, der Friedenauer:
Schnell schlug mein tapferes Herz.

[1995]

KURZ VOR DER OBERBAUMBRÜCKE

Noch einmal auf die Love Parade,
und das in meinem Alter, doch niemand
bemerkt was, kein Schwabe murrt, kein Hesse
mault, noch einmal die Jugend studiert, und das
in diesem Anzug, was kratzt mich die Jugend,
auf den Balkons heulen die Hunde – Solidarisieren
Mitmarschieren! brüll ich zurück. Ach, ich liebe
Berlin, Westberlin wohlgemerkt, den Rest kenne ich
nur vom Verwandtenbesuch, Dosenananas inklusive
am schönsten ist es, wenn der Lietzensee dampft,
wenn der Asphalt auf dem Kudamm weich wie
Kaugummi ist, wenn die U-Bahn nach Kreuzberg
irgendwann aufsteigt und kurz vor der
Oberbaumbrücke verglüht.

[2007]

WO DER RAUHE, BÖSE LEBENSKAMPF REGIERT

Im Jahr 1897 siedelte Rainer Maria Rilke von München nach Berlin über und pflegte dort regelmäßig Kleists Grab zu besuchen, das zu Fontanes Zeiten einmal eine Pilgerstätte gewesen war, nun aber vergessen und vernachlässigt schien: »Ich ging als junger Mensch immer gern an sein Grab«, erinnert sich Rilke im Jahr 1913 in einem Brief an Marie von Thurn und Taxis, »damals wars noch eine Wildnis herum, obwohl die Bahn nahe vorübergeht, ein Kranz von der Sorma war dort, aber das Gitter rostete in Vergessenheit (...).«

Das war zu einer Zeit, als Rilke mit dem Werk Kleists noch nicht allzu vertraut war. Wohl aber kannte er das Schicksal des Dichters und die Umstände von Kleists Tod, der im November 1811 zuerst die drei Jahre jüngere, verheiratete und an Krebs erkrankte Henriette Vogel mit einem Schuß ins Herz und dann sich selbst durch einen Schuß in den Mund tötete.

Der Tod des lebensmüden Paares gehört zu den traurigsten Episoden der deutschen Literaturgeschichte, und wer heute Kleists Grab unweit des Kleinen Wannsees besucht, der wird der Untröstlichkeit des Geschehens noch immer gewahr, auch wenn das – erst viele Jahre nach Kleists Tod – auf dem Grabstein angebrachte Prinz-Friedrich-von-Homburg-Zitat »Nun, o Unsterblichkeit, bist du ganz mein!« diese zu mildern sucht.

Rilkes am 14. Januar 1898 in Berlin-Wilmersdorf entstandenes Gedicht, das er in keine seiner Sammlungen aufgenommen hat, deutet Kleists Selbstmord nicht als katastrophische Tat eines Verwirrten oder psychisch Zerrütteten, sondern als

Konsequenz einer menschlichen Verzweiflung, die uns alle heimsuchen kann, denn »wir sind Alle Suchende«. Doch im Unterschied zu Kleist schießen wir uns keine Kugel in den Kopf. Wir halten vielmehr aus, wenn auch »zagend an dem Rand der Zeit«, und wenden uns der Welt und vor allem ihren »leisen Lauten« zu.

Wenn es etwas an Rilkes Gedicht zu rätseln gibt, dann sind es nicht die »tiefen Teiche« oder »letzten Rosen« – dort haben wir auch schon gestanden und letztere auch schon verschenkt. Rätselhaft bleibt vor allem die Aussage, daß er Kleist, der mutmaßlich nur als zum Sterben Entschlossener so etwas wie einen Moment an Lebensheiterkeit gefunden hat, einen »Finder« nennt. Hier ließe sich Rilke mit einem gewissen Recht vorwerfen, daß er von Kleists Tod fasziniert gewesen sei, und Rilke hat sich im oben zitierten Brief an Marie von Thurn und Taxis auch selbst in diesem Sinne geäußert: »Gott, ich kannte wenig von ihm und meinte seinen Tod, den seltsamen, weil ich nur das Seltsame verstand, jetzt aber meine ich sein Leben, weil ich langsam anfange, vom Schönen einen Begriff zu haben und vom Großen, so daß mich der Tod bald nichts mehr angeht.«

Zwar ist diese Äußerung nicht so präzise, wie wir sie uns vielleicht wünschten. Aber sie weist deutlich genug darauf hin, was Rilke in seinem Gedicht als Rettung vor Verzweiflung betrachtet: daß wir weder dem Leben entsagen noch uns dem Lärm der Welt überlassen sollen, sondern »im Leben lauschen« bleiben. Rilke wäre nicht der erste Künstler, der den Anfechtungen des Lebens und den eigenen Daseinsnöten zu widerstehen sucht, indem er das Leben belauscht, statt in es einzugreifen. Diese Form des kontemplativen oder auch ästhetischen Daseins mag keine Erlösung sein und auch nicht zum großen Lebensglück führen. Aber es war nicht zuletzt der Weg Rilkes selbst, um im Dasein Wurzeln zu schlagen und nicht wie Kleist »von den Stößen desselben Sturms, der sein Leben war« (Rilke) erdrückt oder entwurzelt zu werden.

[2009]

RAINER MARIA RILKE

An Heinrich von Kleists wintereinsamem
Waldgrab in Wannsee

Wir sind keiner klarer oder blinder,
wir sind Alle Suchende, du weißt, –
und so wurdest du vielleicht der Finder,
ungeduldiger und dunkler Kleist

Eng und ängstlich waren dir die Tage
bis dein Weh den letzten wild zerriß –
und wir Alle klagten deine Klage,
und wir fühlten deine Finsternis.

Und wir standen oft an tiefen Teichen,
denen schon das Nachten nahe war,
und wir nahmen Abschied von den Eichen,
und wir kamen unsern Bräuten reichen
letzte Rosen aus dem letzten Jahr.

Aber zagend an dem Rand der Zeit
lernten wir die leisen Laute lieben,
und wir sind im Leben lauschen blieben
still und tief und wund von jungen Trieben –
und
da wurden uns die Wurzeln breit.

WO DER RAUHE, BÖSE
LEBENSKAMPF REGIERT

Robert Walser in Berlin

Robert Walser, den sanften Träumer, alpenländischen Spaziergänger und »Schweizer Bub« (Christian Morgenstern), den Ritter von der traurigen Gestalt und ewigen Commis, wie ihn der Dramatiker Karl Vollmöller einst spöttisch bezeichnet hatte, kann man sich in der Metropole Berlin schwerlich anders denn als einen verschreckten und verlorenen Menschen vorstellen. Und doch hat der 1878 in Biel geborene Schriftsteller in Berlin, »wo der rauhe, böse Lebenskampf regiert«, einen gewichtigen, wenn nicht gar den gewichtigsten Teil seines literarischen Werkes verfaßt und – im Verlag Bruno Cassirer – publiziert.

Die Romane *Der Gehülfe*, *Geschwister Tanner* und *Jakob von Gunten* erschienen in rascher Folge in den Jahren 1907, 1908 und 1909, und es sollte Walser bis zu seinem Tod im Jahr 1956 nicht mehr vergönnt sein, noch einen weiteren Roman zu publizieren. Insofern ließe sich Walsers Berliner Aufenthalt, der, mit kurzen Unterbrechungen, von 1905 bis 1913 währte und dem einige kürzere Berlinreisen in den Jahren 1897 und 1902 vorausgegangen waren, als eine zumindest vom Standpunkt der literarischen Produktion aus glückliche und fruchtbare Zeit deuten.

Nun ist Walser ein Autor, bei dem Glück und Trauer, Schwermut und Witz immer eng und zuweilen unauflöslich miteinander verbunden sind. Und wenn er seiner Schwester Fanny brieflich mitteilt: »In Berlin war's weder furchtbar schön noch entsetzlich häßlich, es war berlinerisch, ganz einfach« – dann läßt sich daraus zumindest schließen, daß es, wenn es denn »einfach berlinerisch« war, allzu schön in der Tat nicht gewesen sein kann. Allenfalls durchwachsen, kühl und vielleicht auch ein wenig zu laut. Darüber hinaus läßt sich aus Walsers Berliner Korrespondenz nicht sehr viel über »sein« Berlin erfahren. Doch immerhin so viel, daß er sich, allerdings noch vor der Niederschrift seiner drei Romane und wohnhaft in der Charlottenburger Kaiser-Friedrich-Straße 70, mit dem Gedanken trägt, »überseeisch« zu werden, das heißt auszuwandern, und wenn nicht wirklich nach Asien, dann immerhin nach London.

Die Berliner Korrespondenz Walsers ist vor allem eine Arbeitskorrespondenz, speziell mit seinem für Bruno Cassirer arbeitenden Lektor Christian Morgenstern, der sich für den von ihm hochgeschätzten und von Cassirer weniger geschätzten Autor erfolgreich einsetzt, ihm aber auch gehörig die Leviten liest. So rügt er am Manuskript der *Geschwister Tanner* »die Untugenden [des] Stils, das ohne Not Weitschweifige, das Saloppe des Satzbaus, die zur Trivialität führende Selbstgefälligkeit, die grammatikalische Unsicherheit, die Schiefe und mangelhafte Durchführung eines oder des andern gewählten Bildes«. Das ist, gelinde gesagt, starker Tobak und würde so manchen Autor veranlassen, den Stift vorerst beiseite zu legen. Wie Walser die harsche Kritik seines Lektors verkraftet hat, wissen wir nicht. Daß sie ihn tief getroffen hat, läßt sich vielleicht daraus ersehen, daß er in seinem nächsten Brief mit keinem Wort auf sie eingeht, Morgenstern aber mit betonter Beiläufigkeit wissen läßt, daß er sich »im Übrigen« jetzt darauf vorbereite, »bald etwas zu ›ergreifen‹«, und zwar »so eine Art Laufbahn«.

Mit einem Berufswechsel und einer »Laufbahn« hatte es Walser bereits ein Jahr zuvor, im Herbst 1905, versucht. Er absolviert einen Kursus an einer Berliner Dienerschule, die sich in der Wilhelmstraße 28 (Hinterhaus, 1. Stock) befand, und tritt daraufhin eine Dienerstelle auf Schloß Dambrau in Oberschlesien an, wo er als »Monsieur Robert« die Gelegenheit hat, wie er in seiner »Studie über den Adel« notiert, »den Adel und seine Sitten bestens kennen[zulernen], die kennenzulernen für die meisten Menschen wenn nicht geradezu unmöglich so doch wenigstens ganz bestimmt ziemlich schwierig ist, weil der Adel auf Burgen haust und in unnahbaren, uneinnehmbaren Schlössern sitzt, wo er befiehlt, herrscht und residiert wie ein Gott oder zum mindesten wie ein Halbgott.« Der Ausbruch aus der problematischen Existenz des freien Schriftstellers in die noch problematischere des Domestiken währt nur drei Monate. Walser, dieser Spezialist für Selbstverkleinerungen und Ichschrumpfungen, kehrt nach Berlin zurück und kann zumindest insofern von seinen Erfahrungen als Diener profitieren, als er sie einige Jahre später in seinem Roman *Jakob von Gunten* verarbeitet.

Zurück in Berlin, begibt er sich alsbald in ein neues Abhängigkeitsverhältnis, das dem eines Dieners nicht unbedingt nachsteht. Er wird, durch Vermittlung seines Bruders Karl, für einige Monate Sekretär des Kunsthändlers Paul Cassirer, der, ein Cousin Bruno Cassirers, als Geschäftsführer der Berliner Sezession eine Schlüsselstellung im Berliner Kunstleben innehat. Doch waren »geistvolle Klubabende« mit »Delikateßplatten« seine Sache ebensowenig wie der Kunsthandel. Und er kommt nachträglich, will sagen: nachdem man ihn veranlaßte, das Amt niederzulegen, zu der Überzeugung, »daß ich kein sonderlich wertvoller, kluger, umsichtiger und erfolgreicher Gemäldesekretär gewesen sein kann. Sachverständige zuckten über den Umfang dessen, was ich leistete, einigemal merklich die Achsel.«

Mißerfolge, wohin man sieht. Was um so peinlicher ist,

als Robert Walsers Bruder Karl als Zeichner, Bühnenbildner, Dekorationsmaler und Illustrator äußerst erfolgreich seine Karriere vorantreibt. Er ist befreundet mit Liebermann, Corinth und Slevogt, arbeitet als Ausstatter für Max Reinhardt und sein Deutsches Theater, für Hans Gregor, den Leiter der Komischen Oper, und stattet die Privathäuser Hugo Cassirers, Samuel Fischers und Walther Rathenaus mit Wandbildern aus, während Robert »Prosastückli« und literarische »Tagesware« für *Die Schaubühne* und die *Neue Rundschau* verfertigt, über die sein Förderer Christian Morgenstern an Bruno Cassirer schreibt: »Was der gute Walser jetzt in Schaubühne und Rundschau zusammenkliert, ist schauderhaft.«

Spielen in Walsers drei Berliner Romanen seine Berlinerfahrungen – einmal abgesehen von der Dienerschule – keine Rolle, so nehmen Walsers feuilletonistische Skizzen und Prosa-Etüden zumindest gelegentlich auf seinen Aufenthaltsort und seine unmittelbaren Lebensumstände Bezug. Er erweist Aschingers Wurst- und Sardinenbrötchen ebenso seine Reverenz wie dem Berliner Eispalast und den sogenannten, weil mit einer Alpenlandschaft dekorierten »Gebirgshallen« Unter den Linden, denn »wo Natur ist, da ist Bedeutung«. Hier pflegt er, »von Zaubereien gebannt, stillzusitzen« und seine »Dürste« zu löschen. Das große Berlin wird unter Walsers Blick immer wieder zu einer typischen Walserwelt: ein wenig zu klein, ein wenig zu putzig und darum, wir ahnen es, auch unendlich traurig. Doch Walser will sich, er formuliert es mit Nachdruck, weder von der Anonymität der Metropole noch von seiner eigenen Melancholie und Einsamkeit überwältigen lassen: »Berlin ist die schönste, die bildungsreichste Stadt der Welt. Ich wäre abscheulich, wenn ich hiervon nicht felsenfest überzeugt wäre.« Doch gerade mit den »Gebildeten«, den Salons der großstädtischen Verleger und Kunsthändler, wie sie Samuel Fischer und die Cassirers repräsentieren, hadert Walser mehr und mehr, fühlt sich »herabgesetzt«, »verdächtigt« und »verunehrt«.

Und so entschließt er sich, wohl eher unbewußt, nun wahrhaft »abscheulich« zu werden, zerschlägt auf einem Abendempfang im Hause Samuel Fischers dessen Caruso-Platten, stellt Paul Cassirer in seinem Prosastück »Die kleine Berlinerin« bloß und ruiniert sein ohnehin nicht allzu gefestigtes gesellschaftliches Renommee vollends. Sein letztes Berliner Jahr (1912) verbringt Walser schwermütig, »tot, leer und hoffnungslos im Herzen« und nicht selten auch betrunken als Untermieter einer gewissen Frau Wilke am Charlottenburger Spandauer Berg Nr. 1. Und hier geschieht ihm das, was für sein Spätwerk, die nachgelassenen »Mikrogramme«, so bedeutsam werden sollte: Er, der für seine schöne Handschrift bekannt war, erlebt »einen wahren Zusammenbruch [s]einer Hand, einen Krampf« und ein Auflösen seiner Handschrift, das mit einer – zumindest vorläufigen – Zerrüttung seiner Schaffenskraft korrespondiert. Im März 1913 verläßt Walser Berlin und siedelt sich wieder in seiner Heimatstadt Biel an. Was er in Berlin zurückläßt, ist die rasch verblassende Erinnerung an einen Menschen, der eine seiner liebsten Romanfiguren, den Diener Jakob von Gunten, von sich sagen läßt: »Wie glücklich ich bin, daß ich in mir nichts Achtenswertes und Sehenswertes zu erblicken vermag.«

[1993]

ERNST JÜNGER

oder Kannibalismus in Steglitz

Im Alter von 33 Jahren, am 1. Juli 1927, übersiedelt der Kriegsbuchautor und nationalistische Publizist Ernst Jünger zusammen mit seiner Frau Greta und dem einjährigen Sohn Ernst nach Berlin. Vier Jahre zuvor war der Weltkriegsteilnehmer aus der Reichswehr ausgeschieden, und ein Jahr zuvor hatte Jünger das Studium der Zoologie an der Universität Leipzig abgebrochen, um sich endgültig als freier Schriftsteller zu etablieren. Doch wird er als Schriftsteller beidem, der soldatischen Existenz wie der Zoologie, ein Leben lang zugewandt bleiben. Jüngers Übersiedelung nach Berlin fällt in die aktivste Zeit seiner publizistischen Tätigkeit als Wortführer eines sogenannten »Neuen Nationalismus«. Als Mitarbeiter und Herausgeber von »national-revolutionären« Zeitschriften wie der *Standarte*, dem *Vormarsch, Arminius* und Ernst Niekischs *Widerstand* artikuliert er seine antiaufklärerischen und antidemokratischen politischen Schlußfolgerungen aus dem Weltkriegserlebnis; und er tut dies mit dem Pathos und dem Eifer des Sprechers einer ganzen Generation. »Wir Nationalisten«, schreibt er in seiner Programmschrift »Das Sonderrecht des Nationalismus«, »wir haben in einer harten Schule erkannt, daß das Leben ungerecht ist und ungerecht sein muß, wenn es sich erhalten will.« Hauptgegner der Jüngerschen Attacken sind die bürgerliche Demokratie, der Liberalismus und das, was er die »Phrasen der Aufklärung« nennt. Sein Ziel ist es, die Gegner der bürgerlichen Demokratie aus allen Lagern in der einen großen und »nationalen Bewegung« zusammenzufassen und mit ihnen den neuen

137

Staat als »Staat der Frontsoldaten« zu bilden. Jünger definiert ihn im Dezember 1926 wie folgt: »Er wird national sein. Er wird sozial sein. Er wird wehrhaft sein. Er wird autoritativ sein.«

Politische Überzeugungen wie diese halten den Autor allerdings nicht davon ab, die unterschiedlichsten Kontakte zu pflegen. Bei Ernst Niekisch lernt er den »kindlich-gutmütigen Anarchisten« Erich Mühsam kennen und korrespondiert einige Male mit ihm. Auf den literarischen Abendgesellschaften des Verlegers Ernst Rowohlt, der sich »ein Vergnügen daraus machte, pyrotechnische Mischungen auszutüfteln«, begegnet Jünger neben Bertolt Brecht und Arnolt Bronnen auch Thomas Wolfe und Ernst von Salomon. Eine enge Freundschaft verbindet ihn mit Carl Schmitt, dem späteren Paten seines zweiten Sohnes Alexander. Begegnungen mit Joseph Goebbels verlaufen eher enttäuschend, und Jünger ist nicht geneigt, dem Werben der Nationalsozialisten nachzugeben und zum Parteiliteraten zu werden. Davor bewahrt ihn sein Individualismus und ein aristokratischer Purismus, der ihn sagen läßt: »Reine Bewegung, aber nicht Bindung fordern wir.« Das war bei den Nazis nicht zu haben. Auch wenn Jünger 1931 in einem Artikel mit dem Titel »Die Reinheit der Mittel« bekennt: »Wir wünschen dem Nationalsozialismus von Herzen den Sieg, wir kennen seine besten Kräfte, deren Begeisterung ihn trägt, und deren Wille zum Opfer über jeden Zweifel erhaben ist«, so vergißt er nicht hinzuzufügen: »Aber wir wissen auch, daß er seinen Sieg nur dann erringen kann, wenn seine Waffen aus diesem reinsten Metall geschmiedet sind, und wenn auf jeden Zusatz aus den brüchigen Resten einer vergangenen Zeit verzichtet wird.«

Es ist letztlich die ungenügende »Reinheit« der nationalsozialistischen Politik und Ideologie, die Jünger veranlaßt, sich mehr und mehr von der Tagespolitik und der nationalistischen Publizistik zurückzuziehen. Die Teilnahme der NSDAP an den Parlamentswahlen stört ihn ebenso wie ihre Propagierung des »Völkischen«. In einem Brief an seinen Bruder Friedrich Georg vom 6. 10. 1927 prophezeit er den Nationalsozialisten, daß ihre »Verbindung mit den Massen grob-mechanisch und instinktiv-barbarisch« sein wird. Ein Reichstagsmandat, das ihm die Nationalsozialisten 1927 und 1933 anbieten, lehnt Jünger ab. Ob seine von Karl Otto Paetel überlieferte Begründung, »er halte das Schreiben eines einzigen guten Verses für verdienstvoller als 60 000 Trottel zu vertreten«, authentisch ist, wissen wir nicht. Sicher aber ist, daß sich Jünger auch der gleichgeschalteten »Deutschen Akademie der Dichtung« verweigert. Einer Berufung vom 9. 6. 1933 entzieht er sich – nach mehrmonatiger Bedenkzeit – mit der Begründung, daß er den »wesentlich soldatischen Charakter« seiner schriftstellerischen Arbeit durch akademische Bindungen nicht beeinträchtigen will. Und er bittet zugleich darum, »meine Ablehnung als ein Opfer aufzufassen, das mir meine Teilnahme an der deutschen Mobilmachung auferlegt, in deren Dienst ich seit 1914 tätig bin«. Im Oktober 1933 übersiedelt Jünger nach Goslar. Daß der Weggang von Berlin keine unmittelbare Reaktion auf die Hausdurchsuchungen durch die Gestapo war, denen sich der vermeintliche »Nationalbolschewist« Jünger ausgesetzt sah, bekräftigte der Autor viele Jahre später in seinem entomologischen Erinnerungsbuch *Subtile Jagden*: »Daß ich, der außer Ehrungen wenig zu befürchten hatte, in dieser Schicksalsstunde aufs Land zog, war vermutlich richtig – ob es recht war, darüber kann man verschiedener Meinung sein.«

Was aber haben die Berliner Jahre dem Schriftsteller Ernst Jünger außer dem Abschied vom publizistischen Kampf für den »Neuen Nationalismus« eingebracht? Wohl vor allem eines: seine Aufzeichnungen *Das abenteuerliche Herz*. Ein

Werk, das Alfred Andersch »das einzige Buch des Surrealismus in Deutschland« genannt hat und dessen »magische Deskriptionen« er zu loben nicht müde wurde. Es ist auch ein Buch über die Großstadt Berlin, in deren moderner Physiognomie Jünger dämonische Ausdrucksformen erblickt. »Etwas äußerst Bedrohliches besitzt der Straßenlärm, der sich immer deutlicher auf ein dunkles, heulendes U, auf den schrecklichsten aller Vokale einzustimmen beginnt. Wie könnte es auch anders sein, da in den Signalen und Aufschreien der Verkehrsmaschinen die unmittelbare Androhung des Todes eingeschlossen ist.« Ganz ähnlich wie vor ihm Georg Simmel registriert Jünger »die völlig erstarrte, automatische und gleichsam narkotisierte Haltung« des Großstadtmenschen in der Menge. Überwältigt von der Vielzahl der Sinneseindrücke scheint der Großstädter gänzlich entrückt, versunken und verloren wie allenfalls ein Chinese in einer Opiumhöhle. Für Jünger ist das großstädtische Berlin ein Ort diabolischer Auszehrung. Er entdeckt, »daß ein Großstadtcafé einen teuflischen Eindruck erwecken kann« und daß der »moderne Vergnügens-, Literatur-, Museums- und Hygienebetrieb« den Kältetod stirbt.

Berlin und das moderne Großstadtleben – das ist für Ernst Jünger ein Leben in der »arktischen Zone des Gefühls«. Die Großstadtmenschen sind »Mumienköpfe, die mit polierten metallischen Masken überzogen sind«, und das kollektive Leben ist bloß ein mechanisches Getriebe, eine Maschine. Eine Maschine allerdings, »die einen satanischen Eindruck« erweckt. Wohl erkennt Jünger die neuen Lebens- und Wahrnehmungsqualitäten der Moderne, doch sieht er sie mit traumtiefen Abgründen und einem dämonischen Treiben im Bunde. Einem Treiben, das ihn ebenso fasziniert, wie es ihn abstößt. Am Ende unterliegt die Faszination der Furcht, und der Autor zeigt sich überzeugt davon, »daß dieses Treiben durch eine kräftigere, eine heroische Bestimmung beherrscht und gerichtet werden muß«.

Das Programm dieser heroischen Übertrumpfung und Beherrschung abgründiger und irritierender Modernitätserfahrungen entwirft Jünger in seiner theoretischen Studie *Der Arbeiter*, das zweite wichtige Werk der Berliner Jahre und 1932 erschienen. Im *Arbeiter* treibt Jünger den Teufel mit dem Beelzebub aus, setzt den maskenhaften Menschen der »absoluten Zivilisation«, die ihm wie »Maschinen des Bösen« vorkommen, die starre Panzerhaut des soldatischen »Arbeiters« gegenüber, den ins »Stahlbad« getauchten nachbürgerlichen Typus. Mit diesem sucht er die bürgerliche Welt in eine Art Arbeitslager von planetarischem Ausmaß zu überführen: »Je zynischer, spartanischer, preußischer oder bolschewistischer im übrigen das Leben geführt werden kann, desto besser wird es sein.« Der Autor selbst freilich verabschiedet sich von Berlin und seiner Wohnung in der Hohenzollernstraße und zieht sich vorerst nach Goslar und in den Harz zurück: »Das war für meine Prosa günstig und ebenso für meine Studien und Neigungen.« Hier lebt er ganz wie ein Stubengelehrter des 19. Jahrhunderts, widmet sich wieder verstärkt seinen natur- und insektenkundlichen Interessen, lernt auf den Harzer Hängen »eine neue Art der Bewegung, nämlich die des Skilaufens«, bereitet sich auf einen weiteren Umzug nach Überlingen am Bodensee vor (1936), wo er sich an die zweite Fassung des *Abenteuerlichen Herzens* macht, in der er noch einmal und aus der Ferne den Dämonen Berlins seine Reverenz erweist. So in der Traumerzählung über ein Steglitzer »Schlemmergeschäft«, das sich, so ist zu vermuten, in der Schloßstraße befunden hat und wo es möglicherweise auch später noch »Violette Endivien« zu kaufen gab. Allerdings nicht, wie in Jüngers Erzählung, als spezielle Zukost für ebenfalls in diesem Geschäft zu erwerbendes und

»auf der Jagd erbeutetes« Menschenfleisch. Jüngers Traum-
kommentar zu den kannibalischen Steglitzer Eßgewohnhei-
ten: »Ich wußte nicht, daß die Zivilisation in dieser Stadt
schon so weit fortgeschritten ist.«

[1994]

AM GROSSEN WANNSEE

Während wir von der Königstraße in die leicht abschüssige Straße Am Großen Wannsee einbogen, sagte der Schriftsteller, daß er, der als Kind aus Deutschland geflüchtet war und nun in Paris lebte, Ausstellungen dieser Art normalerweise nicht besuche. Aber auf der Wannseekonferenz sei schließlich auch über das Schicksal seiner Eltern und damit in gewisser Weise auch über sein eigenes Schicksal entschieden worden. Noch bevor wir die Villa der Wannseekonferenz erreicht hatten und an Yachtklubs, Privatkliniken und Gründerzeitvillen vorbeigingen, überholten uns zahlreiche Jugendliche, die, so vermuteten wir, ebenfalls auf dem Weg zur Ausstellung waren. Das schlimmste, sagte der Schriftsteller, seien Ausstellungen voller Schulklassen und Jugendgruppen. Allein wegen der Schulklassen und Jugendgruppen sei er schon seit Jahren nicht mehr im Louvre gewesen, ja, er meide die gesamte Pariser Innenstadt, und dies vor allem wegen der Schulklassen und Jugendgruppen. Er habe, sagte der Schriftsteller, eine geradezu instinktive Abneigung gegen Schulklassen und Jugendgruppen, obwohl er mehr als drei Jahrzehnte an einem Pariser Lyzeum Deutsch unterrichtet habe. Allerdings habe er niemals an einem Schulausflug teilgenommen, es sei ihm immer gelungen, von der Teilnahme an Schulausflügen befreit zu werden, was natürlich auch dem Umstand zu verdanken war, daß er als Deutschlehrer keine regulären Klassen gehabt habe, sondern nur einzelne Schüler. Denn Deutsch sei an französischen Oberschulen noch immer ein Minderheitenfach, die meisten Schüler lernten lieber Chinesisch oder sonstwas. Und deshalb habe er es immer nur mit einzelnen Schülern zu tun gehabt und niemals mit ganzen

Klassen. Wobei eine Schulklasse, die auf Stühlen sitzt und sich mit Büchern beschäftigt, etwas völlig anderes sei als eine Schulklasse, die durch Straßen und Museen lärme. Eine außerhalb eines Raumes sich befindende Schulklasse sei immer etwas Barbarisches, wogegen eine lernende und arbeitende Schulklasse eine Vorstufe der Zivilisation sei, sagte der Schriftsteller. Nachdem wir unsere Mäntel im Untergeschoß in eigens dafür eingerichteten und mit einem Münzmechanismus versehenen Schränken eingeschlossen hatten, suchten wir die Ausstellungsräume auf, in denen sich nur sehr wenige Informationen zur Wannseekonferenz selbst, doch zahlreiche zu deren Auswirkungen fanden. Großformatige Fotos von Verhafteten und zur Deportation Zusammengetriebenen fanden sich dort, Fotos von Männern und Frauen kurz vor der Exekution, darunter eines mit Porträts von drei alten Männern, die direkt in die Augen des Betrachters blickten, und ein ebenso großformatiges Foto von einer halbentkleideten jungen Frau, der die Kleider auf offener Straße heruntergerissen wurden und die schamvoll ihre Blößen zu bedecken suchte. Als ich das Foto mit der jungen Frau betrachtete und mir dabei auffiel, daß die Frau schöne Brüste hatte, sagte der Schriftsteller, als habe er meine Gedanken gelesen, daß man angesichts eines solchen Fotos zu der Wahrnehmung gezwungen werde, daß die mißhandelte Frau schöne Brüste habe. Schlimmer noch fände er allerdings, daß man bei der Betrachtung der drei alten Männer, die, so die Schrifttafel unter dem Bild, auf dem Weg zu ihrer Erschießung seien, die ganz schamlose Genugtuung darüber verspüre, daß man selbst noch am Leben sei und das Glück habe, hier am schönen Wannsee in einer gepflegten Villa den Todgeweihten in die Augen schauen zu dürfen. Denn die mißhandelte, halbentblößte Frau sei ebenso wie die kurz vor ihrer Erschießung stehenden Männer auf diesen großformatigen und fotografisch gewiß beeindruckenden Fotos noch immer gegenwärtig. Sie seien, so empfinde zumindest er es, gar nicht tot und schon gar nicht Menschen einer vergangenen Zeit, sondern ganz und gar gegenwärtig. Und die Fotografien seien es, die diese Menschen gegenwärtig hielten. Die mißhandelte junge Frau bedecke in diesem Augenblick ihre Brüste, sagte der Schriftsteller, und in diesem Augenblick würden sie und ihre unbedeckten Brüste von uns, den Beobachtern der Szene, angestarrt werden. Die junge Frau, sagte er, bedecke ihre Brüste vor unseren Blicken, ebenso wie sie sie einst vor den Blicken ihrer Mißhandler und denen der Passanten bedeckt habe. Sie sei gewissermaßen gezwungen, sich fortan und bis in alle Ewigkeit oder doch zumindest so lange, wie diese Fotos hier hingen, ihre Brüste zu bedecken und sich anstarren zu lassen von Leuten wie uns. Er empfinde diese Fotos wie eine andauernde Mißhandlung, sagte der Schriftsteller, wie eine beständige Demütigung. Noch immer müsse die Frau öffentlich entblößt sein und noch immer müßten sich die drei alten Männer in ihrer Todesangst angaffen lassen. In diesem Augenblick erschien eine Gruppe von Schülern in unserem Raum. Sie hatten Papier und Schreibzeug dabei und verteilten sich vor den verschiedenen Fotos und Schautafeln. Dann begannen sie teils allein und teils in kleinen Gruppen damit, sich Aufzeichnungen von den Exponaten zu machen. Die fleißigsten von ihnen setzten sich auf den Parkettboden, legten ihre Taschen und bunten Rucksäcke neben sich und füllten verschiedene formularähnliche Blätter aus. Auf meine Frage an eines der Kinder, was sie denn hier machten, sagte ein ungefähr zwölfjähriges Mädchen, daß sie ihre Arbeitsbögen ausfüllen müßten. Immer wenn sie eine Ausstellung besuchten oder einen Ausflug machten, dann müßten sie Arbeitsbögen ausfüllen. Selbst im Zoo, sagte das Mädchen, hätten sie Arbeitsbögen ausfüllen müssen. Der Zoo sei aber so groß, daß sie sich bestimmte Tiere hätten aussuchen dürfen, und dann hätten sie über diese Tiere ihre Eintragungen machen müssen. Herkunft der Tiere, Aussehen, Verhalten, die Anzahl und so weiter. Sie habe sich für die Raubtiere entschieden und dann eben alles über Löwen, Tiger und so weiter aufgeschrieben, aber obwohl sie nur Aufzeichnungen über die Raubtiere zu machen brauchte, sei sie damit längst nicht fertig geworden, so viele Raubtiere gebe es im Zoo. Diese Ausstellung, sagte das Mädchen, sei natürlich viel übersichtlicher. Aber auch ziemlich langweilig, wie alle Geschichtsausstellungen. Am liebsten, sagte das Mädchen, gehe sie in den Zoo, am zweitliebsten in Naturausstellungen und am drittliebsten in Bilderausstellungen. In Geschichtsausstellungen gehe sie am liebsten gar nicht. Ganz im Unterschied zu ihrem Lehrer, der andauernd mit ihnen in Geschichtsausstellungen gehen würde. Als ich das Mädchen fragte, wo denn ihr Lehrer sei, sagte sie, daß der Lehrer draußen sei, denn die Schüler sollten ihre Arbeitsbögen nicht in Gegenwart des Lehrers ausfüllen. Die Gegenwart des Lehrers hemme die Schüler nur, sagte das Mädchen, und darum würde der Lehrer, während die Arbeitsbögen ausgefüllt werden, draußen im Garten bleiben. Auf meine Frage, was sie denn auf ihren Bogen schreibe, sagte sie, daß sie sich ebenso wie ihre Mitschüler vor allem Zahlen aufschreibe. Jahreszahlen und Menschenzahlen. Und Länder. Das sei das wichtigste. Außerdem könne man noch eigene Erlebnisse aufschreiben, sagte das Mädchen. Dann zeigte sie mir eines ihrer Formblätter, auf dem neben den Rubriken für Daten, Namen und Jahreszahlen auch eine spezielle Rubrik mit der Überschrift »Eigene Erlebnisse« eingetragen war. Der Schriftsteller, der sich das Gespräch bisher schweigend angehört hatte, fragte das Mädchen, ob es denn schon ein eigenes Erlebnis gehabt habe. Bis jetzt noch nicht, sagte das Mädchen. Aber die eigenen Erlebnisse würden auch nicht bewertet werden. Die eigenen Erlebnisse seien freiwillige Eintragungen, wogegen die Zahlen und Länder nicht freiwillige Eintragungen seien. Für die eigenen Erlebnisse bekomme man keine Noten, denn die Lehrer meinten, daß man eigene Erlebnisse nicht bewerten dürfe. Man würde, sagte das Mädchen, den Schülern den Spaß an eigenen Erlebnissen nehmen, wenn man ihnen Noten dafür gäbe. Außerdem wäre es ungerecht, denn wenn einer keine eigenen Erlebnisse gehabt habe, dann hat er bloß Pech gehabt. Die Eintragungen dagegen würden benotet werden, denn das sei eine Frage des Fleißes, und je mehr Eintragungen einer habe, um so fleißiger sei er eben gewesen. Dann beugte sie sich wieder über ihren Bogen, ich wünschte dem Mädchen viel Erfolg, der Schriftsteller wünschte dem Mädchen nichts, und wir betraten einen Raum, in dem eine Gruppe von ebenfalls mit Arbeitsbögen bewaffneten Schülern sich um einen nicht mehr ganz jungen Mann versammelt hatte, der entweder ihr Lehrer oder ein Mitarbeiter des Museums war. Der nicht mehr ganz junge Mann war gerade dabei, den Schülern den Begriff »Sonderbehandlung« zu erklären, der auch auf einer Schrifttafel zu lesen war. Sonderbehandlung, sagte er, sei ein Euphemismus. Und Euphemismus, sagte der Mann, wobei er auf seine Unterlagen blickte, komme aus dem Griechischen beziehungsweise Neulateinischen und bedeute die mildernde oder beschönigende Umschreibung für ein anstößiges oder unangenehmes Wort beziehungsweise für eine anstößige oder unangenehme Sache. Dann machte er eine Pause und wartete darauf, daß sich die Schüler Eintragungen in ihre Arbeitsbögen machten. Während die Schüler ganz offensichtlich keine Probleme mit dem Wort Sonderbehandlung hatten, welches ja auch auf einer der Schrifttafeln zu lesen war, hatten die meisten von ihnen erhebliche Probleme mit dem Wort Euphemismus, so daß der Mann ihnen das Wort buchstabieren mußte. Und noch während er das Wort buchstabierte, sagte der Schriftsteller, daß er es nicht mehr aushalte und hinausgehen müsse. Dann lief er, bleich und schwer atmend und noch ehe ich irgend etwas sagen konnte, dem Ausgang zu. Ich eilte ihm nach, holte aber vorher noch die Mäntel aus dem Kellergeschoß. Im Garten der Villa, der bis an das Seeufer reicht und in dem der Rhododendron blühte, hatten sich inzwischen alle die Schüler niedergelassen, deren Ausstellungsbesuch bereits beendet war. Einige packten die Rucksäcke aus und verzehrten ihr Mitgebrachtes, andere tummelten sich auf dem Rasen und hatten wohl schon wieder vergessen, was ihnen gerade gezeigt worden war, und wieder andere, die Fleißigen und Interessierten, verglichen ihre Arbeitsbögen miteinander und tauschten Daten, Zahlen und Eintragungen aus. Zwei, die sich direkt neben uns auf einer Steinbank niedergelassen hatten, gerieten dabei in Streit und hielten sich gegenseitig ihre Aufzeichnungen vor. »In Lublin«, sagte der eine mit abfälligem Blick auf den Arbeitsbogen des anderen, »in Lublin sind es fünftausend, nicht fünfzigtausend.« Woraufhin der andere ein mürrisches »Na gut« von sich gab, einen Radiergummi herausholte und seine Aufzeichnungen korrigierte. Der Schriftsteller, der noch immer schwer atmend den beiden Schülern zugehört hatte, erhob sich plötzlich und begann, die beiden Jungen mit wüsten Worten zu beschimpfen. Er tat dies allerdings auf französisch, so daß die beiden Schüler ihn zuerst verständnislos und dann sogar ein wenig amüsiert anblickten. Daraufhin wandten sie sich wieder ihren Arbeitsbögen zu. Der wütende Mann verstummte resigniert und verließ ohne ein weiteres Wort das Gelände der Villa. Zurück auf der Straße Am Großen Wannsee, begegneten uns weitere Gruppen von Schülern, die, mit Leinenbeuteln und Rucksäcken behängt, der Wannseevilla zustrebten. Wir gingen einige Zeit die leicht ansteigende Straße hinauf und schwiegen. Erst als wir die Hauptstraße erreicht hatten, die mich zum S-Bahnhof und den Schriftsteller zurück in seine Unterkunft führte, sagte der noch immer sichtlich verstörte Mann, daß jedes Foto ein Frevel und jeder rucksackbehängte Schüler eine Beleidigung sei. Wenn es nach ihm ginge, dann müßte man erstens die Fotos aus der Ausstellung entfernen und zweitens die Schüler von der Villa fernhalten. Wenn es nach ihm ginge, dann dürfte nur das Geschriebene bleiben. Nur das Geschriebene, sagte der Schriftsteller, und vielleicht nicht einmal das.

[1994]

DIE MAUER STEHT NOCH EIN PAAR HUNDERT JAHRE

MYTHOS BERLIN 1987

Ein paar Ruinen noch – der Rest ist nur Reklame
Verkabelt und vernetzt und sonnenklar
Ein Werbefotograf brüllt: Großaufnahme
Prometheus rührt die Fernsehsuppe gar

Anhalter Bahnhof: Dreizehn tote Gleise
Aus Styropor. Der Stoff der uns zusammenhält
Gedenken wir des Hangs zur Gruppenreise
Nach deutscher Art: Und morgen die ganze Welt

Die Mauer steht noch ein paar hundert Jahre
Sisyphos wirft die Zeitmaschine an
In Kreuzberg färbt Odysseus sich die Haare

Im leeren Hinterhaus betrinkt sich Pan
Steckt seinen Paß in Brand und geht dann flöten
Was hier zerbricht das kann auch Zeus nicht löten

[1987]

MAUERGEDICHT

Sie hämmern sie meißeln
ich reiß mir die Brust auf
und brüll vom Balkon in die
lärmende Tiefe: Wie schreib ich
nun meinen zementharten meinen
stacheldrahtklirrenden Vers

[1990]

AM BRANDENBURGER TOR

Alles eins nur ich gespalten
Dies mein Herz und das mein Hirn
Deutschland Deutschland unter anderem
Bröckelt deine Denkerstirn

Alles glühte nur ich rußte
Still zerbiß ich mir die Lippen
Herr im Himmel hilf den Schwachen
Flick mir die zerdrückten Rippen

Alles schrie die Raben krächzten
Deutschland einig Vaterland
Hab dann meinen Vers geflüstert
So daß niemand ihn verstand

[1990]

INTERREGIO BERLIN–LEIPZIG

Über Wiesen, durch schattige Wälder,
gleich hinter Torgau kreisen die Adler,
weiden die Mammuts, bei Doberlug-Kirchhain
verglimmt die Lupine, kein Wind, nur ein Hauch,
kein Licht, nur ein Flimmern, ein Streifen
aus Röte, und ich sitze still in den Polstern,
mit Keksen aus Zwickau und Kakao aus Plauen,
und staune und kenne mein Land nicht mehr.

[1998]

ZU SPÄT

Eigentlich gehöre ich nicht zu den Menschen, die ihre Kalender aufbewahren. Bis mir ein Freund einmal geradezu entsetzt vorhielt: »Was? Du wirfst deine Kalender fort?« Seitdem sammle ich die Kalender, sofern sie in einem archivierbaren Zustand sind. Auch den von 1989 habe ich aufgehoben. Allerdings hat er sich mit zwei anderen Kalendern verklebt. Der Kalender von 1989 klebt auf der einen Seite mit dem von 1988 und auf der anderen Seite mit dem von 1990 zusammen. Die verklebte Zeit. Ich lege die drei Kalender auf den Tisch und führe die Operation durch. Dabei hilft mir das große Messer, das ich als Brotmesser benutze, das aber in Wahrheit ein sogenanntes Bäckermesser ist und eine besonders breite Klinge besitzt. Am Ende habe ich drei beschädigte und schmuddelig-verklebte Kalender vor mir liegen, die ich am liebsten gleich entsorgen würde. 1988 und 1990 stecke ich vorerst in eine Klarsichthülle, das Jahr 1989 blättere ich durch, obwohl ich nicht besonders neugierig auf meine alten Termine bin. Schließlich läuft sowieso alles nur auf Uni- und Zahnarzttermine hinaus.

Ich öffne den Kalender trotzdem und lese Einträge wie »Fachbereichsrat, Friseur, Grundkurs« und, wie vermutet, »Zahnarzt«. Am 3. März 1989 war ich um 13.30 Uhr beim Zahnarzt. Am 16. Juni war ich wieder beim Zahnarzt, diesmal um 9.15 Uhr. Für den Nachmittag des gleichen Tages findet sich der Eintrag »Olympia Ersatzteil abholen«, an den ich mich sofort erinnere, denn es ging um ein Ersatzteil für meine Olympia-Traveller-Reiseschreibmaschine, das ich in einem Friedenauer Büromaschinengeschäft bestellt hatte. Ich sehe das Teil vor mir. Es handelte sich um eine Sperre für die Walze, die ich damals bereits zum zweiten Mal erneuern mußte. Ohne dieses Teil dreht die Walze durch.

Allerdings gibt es auch ein paar geheimnisvolle Einträge wie »Sapporo Khan« oder »Judith«. Jeweils um 18.00 Uhr. Judith tauchte später noch einmal auf. Noch öfter als der Eintrag »Zahnarzt« kehrt der Eintrag »Mutter anrufen« wieder, woraus ich schließe, daß ich mich per Kalendereintrag daran erinnern mußte, meine Mutter anzurufen. Schon beginnt die Recherche mich zu deprimieren. Muß ich das alles wissen? Die Tatsache, daß ich mir trotz der Schreibmaschinenreparatur im Jahr 1989 einen Computer gekauft habe, entnehme ich einem Eintrag vom 5. Dezember, wo es heißt: »Atari Mega 1«. Ohne den Kalendereintrag wäre mir das Fabrikat des Computers niemals mehr eingefallen, und ich schließe nicht aus, daß es mein erster Computer war, schließlich habe ich mich noch wenige Monate zuvor mit der Reparatur der Schreibmaschine beschäftigt. Den Atari gibt es längst nicht mehr. Die Olympia Traveller steht in der Abstellkammer, falls irgendwann ein neues mechanisches Zeitalter anbrechen sollte.

Eine gewisse nachträgliche biographische Unruhe erzeugen in mir die Einträge »Ankunft Hans Hotel Esplanade« vom 22. November und »Hans Philharmonie« am 25. November, auf die die Einträge »13.00 Uhr Hans« und »19.00 Uhr Hans« am 26. November folgen. Gleich zwei Treffen an einem Tag. Gesteigerte soziale Aktivitäten, allerdings einige Zeit nach dem Mauerfall. Die Tage um den 9. November scheinen völlig ereignislos verlaufen zu sein. »Bettenlieferung« heißt es am 6. November, »14-16 Uhr Grundkurs Benn« am 8. November, und am 9. November findet sich nur ein einziges Wort: »Arzt«. Am 9. November 1989 bin ich offenbar zum Arzt gegangen, und zwar um 10.00 Uhr. Der Rest des Tages liegt im Nebel der Vergangenheit. Ich glaube mich zu erinnern, in der Tagesschau die Nachricht von der Maueröffnung gesehen zu haben. Ich bin aber weder nach der Tagesschau noch nach den Spätnachrichten von Friedenau zur Mauer geradelt, sondern habe mich bis spät in die Nacht an meinen Schreibtisch gesetzt. Denn am 10. November hatte ich laut Kalendereintrag schon wieder den Grundkurs Benn, der Kurs war offenbar vierstündig. Mittwochs und freitags, jeweils von 16 bis 18 Uhr. Der Kurs am 10. November hätte aufgrund eines welthistorischen Ereignisses ja eigentlich ausfallen können. Aber er war nicht ausgefallen. Ich kann mich auch nicht erinnern, mit den Studenten über die Maueröffnung gesprochen zu haben. Die Mauer war ja ziemlich weit von Dahlem und der Freien Universität entfernt. Wir haben uns statt dessen mit Benn beschäftigt. Ich schließe nicht aus, daß es um Benns Gedichte ging und um Verszeilen wie: »Was ist der Mensch – die Nacht vielleicht geschlafen, / doch vom Rasieren wieder schon so müd«, »Einsamer nie als im August« oder auch »In meinem Elternhaus hingen keine Gainsboroughs«. Sehr schöne Zeilen.

Am Abend des 10. November nach dem Benn-Seminar bin ich dann doch noch zur Mauer gefahren, obwohl es dazu keinen Eintrag in meinem Kalender gibt. Was hätte ich auch hineinschreiben sollen: 19.00-21.00 Uhr Mauerfall? Ich bin allerdings mit keinem guten Gefühl hingefahren, denn für eine echte historische Zeitzeugenschaft war es zu spät. Ich hätte schneller sein müssen. Doch auch am 9. November wäre ich kein Zeitzeuge mehr gewesen. Man kann sich ja nicht ein historisches Ereignis erst in den Nachrichten anschauen und danach noch zu einem echten Zeitzeugen dieses historischen Ereignisses werden. Als Kinder sind wir gelegentlich auf dem Fahrrad dem ausrückenden Feuerwehrwagen gefolgt. Jetzt radelte ich mit eintägiger Verspätung den Ereignissen hinterher und sah mir am Brandenburger

Tor die Vopos beziehungsweise DDR-Grenzer an, die auf der Mauer standen und Richtung Westen blickten. Das war neu. Grenzer auf der Mauer. Und wir Westberliner davor. Viel mehr geschah nicht. Es geschah eigentlich gar nichts. Menschen aus Ostberlin waren keine zu sehen. Keine Umarmungen, keine knallenden Sektkorken, keine Trabis. Nur Westberliner, die die Grenzer anstarrten, und Grenzer, die mit ausdrucksloser Miene durch die Westberliner hindurchzusehen versuchten.

Meine Mauer ist nicht am 9. November gefallen, sondern in den Tagen oder Wochen danach. Zu einer Zeit, als die DDR noch existierte und doch alles schon vorbei war. Irgendwann bin ich nach Ostberlin gefahren, um noch einmal meine alten Wege zu gehen. Dabei waren es gar nicht meine alten Wege. Wo hätten die auch sein sollen? Vielleicht in Friedrichshagen, wo ich Verwandte hatte und mich an ein Picknick und an eine Art Autostrand am Müggelsee erinnern kann. Wir saßen im Sand, an den Wartburg gelehnt, und löffelten Früchte aus Einmachgläsern. Ich erinnere mich daran allerdings nur in Schwarzweiß, wie an Bilder eines Defafilms. Bis nach Friedrichshagen bin ich im November 1989 nicht gefahren. Ich bin erst über die Oranienburger Straße gegangen und dann in der Gegend um die Ackerstraße herumgelaufen, vielleicht, weil die Ackerstraße in Döblins *Berlin Alexanderplatz* vorkommt. Alles sah wie immer aus, ewige DDR, und es roch auch so. Ostberliner November, feucht und leicht frostig. Ich hätte diesen Ostberliner November jetzt sehr gern sehr tief empfunden, wäre am liebsten barfuß über die brüchigen Gehwegplatten gelaufen, so wie ich einmal, Ende der siebziger Jahre, barfuß über einen hölzernen Steg in Alt Ruppin am Ruppiner See gegangen war, mir dabei allerdings einen rostigen Nagel in den Fuß getreten hatte.

Hier war kein Holzsteg, auch kein See, aber hier war die von Braunkohleschwaden durchzogene Herbstluft, die gelbliche Straßenbeleuchtung, ein Laden der Volkssolidarität mit welken Broschüren im Schaufenster und ab und zu das Geräusch eines Trabis, der über das Kopfsteinpflaster rollte. Doch das erwünschte Gefühl stellte sich trotzdem nicht ein. Statt dessen ein geradezu wehmütiges Bedauern darüber, daß die Chance verpaßt war, noch einmal durch Ostberlin beziehungsweise die »Hauptstadt der DDR« zu gehen und mit allen Sinnen echten schlechten Sozialismus einschließlich der dazugehörigen frostigen Herbstluft zu erleben. Es schien alles wie immer an diesem Tag in der Ackerstraße. Aber zugleich war alles endgültig vorbei und vergangen. Kein Stein lag mehr auf dem anderen – historisch gesehen. Das ist auch gut so, sagte mir mein politischer Verstand. Aber mein Lebensgefühl, das nur eine sehr lose Beziehung zu meinem Verstand unterhält, sagte mir etwas ganz anderes: Zu spät.

[1989]

ZUM SCHLUSS

PLATZ IN WILMERSDORF

Ich setze mich unter den Baum.
Privatbesitz: eine Hundertschaft
Drosseln hat ihn erobert. Ich rücke
den Drahtstuhl neben den Brunnen, studiere
das Wasser, es zittert wie Seidenpapier.
Ich schließe die Augen, lausche.
Mein Atem geht hoffnungslos schnell.

[1998]

NACHWEIS DER ERSTDRUCKE

Vorwort. Originalbeitrag.

Endlich Berliner. Originalbeitrag.

Berlin – Terra incognita. In: Der Entwurf des Autors. Frankfurter Poetik-vorlesungen. Frankfurt am Main 2000, S. 31-47.

Kleine Berlinkunde – Drei Glossen. In: Der Felsen, an dem ich hänge. Essays und andere Texte. Frankfurt am Main 2005, S. 143-148.

Grenzübergang. In: Luchterhand Jahrbuch der Lyrik 1984. Hg. v. Christoph Buchwald/Gregor Laschen. Darmstadt 1984, S. 35.

Halbes Liebeslied für Berlin. In: Neue Zürcher Zeitung v. 28./29. März 1987.

Berliner Arbeiten. In: Heimatkunde oder Alles ist heiter und edel. Besichtigungen. Frankfurt am Main 1996, S. 70-86.

Der Hypochonder. In: Heimatkunde oder Alles ist heiter und edel. Besichtigungen. Frankfurt am Main 1996, S. 58-69.

Kultphalli und alte Filme. Ein Besuch im Berliner Erotik-Museum. In: Neue Zürcher Zeitung v. 22./23. Juni 1996.

Berliner Perspektiven. In: Stadtansichten. Gedichte Westberliner Autoren. Hg. v. Peter Gerlinghoff/Günter Maschuff/Hans-Ulrich Treichel. Berlin 1977, S. 108.

Der Lieblingsberliner. In: Berlin zum Beispiel. Geschichten aus der Stadt. Hg. v. Sven Arnold/Ulrich Janetzki. München 1997, S. 120-133.

Im Schwimmbad. In: Jahrbuch der Lyrik 2001. Hg. v. Christoph Buchwald/Ludwig Harig. München 2000, S. 120.

Sommertag in Friedenau. In: Seit Tagen kein Wunder. Gedichte. Frankfurt am Main 1990, S. 66.

Am Bullenwinkel. In: Grunewaldsee. Roman. Berlin 2010, S. 172-181.

Westberlin–Neuruppin und zurück. In: Ein Restposten Zukunft. Gedichte. Berlin 1979, S. 78-79.

Türkische Musik. In: Grunewaldsee. Roman. Berlin 2010, S. 77-85.

Kreuzberg renoviert. In: Seit Tagen kein Wunder. Gedichte. Frankfurt am Main 1990, S. 69.

Prenzlauer Bergbesteigung. In: Das Gedicht. Nr. 3. Oktober 1995, S. 90.

Kurz vor der Oberbaumbrücke. In: Südraum Leipzig. Gedichte. Frankfurt am Main 2007, S. 29.

Leben und lauschen. In: Frankfurter Allgemeine Zeitung v. 6. Juni 2009.

Wo der rauhe, böse Lebenskampf regiert. Robert Walser, sanfter Träumer und Schweizer Bub. In: Der Tagesspiegel v. 18. April 1993.

Ernst Jünger oder Kannibalismus in Steglitz. In: LiteraturOrt Berlin. Hg. v. Günther Rühle. Berlin 1994, S. 161-165.

Am Großen Wannsee. In: Merkur. 548. Heft 11. 48. Jg. November 1994. S. 1030-1033.

Mythos Berlin 1987. In: Frankfurter Allgemeine Zeitung v. 20. Oktober 1987.

Mauergedicht. In: Neue Zürcher Zeitung v. 14. Februar 1990.

Am Brandenburger Tor. In: Neue Zürcher Zeitung v. 14. Februar 1990.

Interregio Berlin – Leipzig. In: Eiswasser. Echte Blüten. Neue deutsche Naturlyrik. Hg. v. Dirk Dasenbrock/Marco Sagurna. 5. Jg., Bd. I/II 1998, S. 119.

Zu spät. In: Die Nacht, in der die Mauer fiel. Schriftsteller erzählen vom 9. November 1989. Hg. v. Renatus Deckert. Frankfurt am Main 2009, S. 56-60.

Platz in Wilmersdorf. In: Eiswasser. Echte Blüten. Neue deutsche Naturlyrik. Hg. v. Dirk Dasenbrock/Marco Sagurna. 5. Jg., Bd. I/II 1998, S. 121.

INHALT

Vorwort   7

Endlich Berliner   15

Endlich Berliner   17
Berlin – Terra incognita   24
Kleine Berlinkunde – Drei Glossen   37
Grenzübergang   43

Halbes Liebeslied für Berlin   45

Halbes Liebeslied für Berlin   47
Berliner Arbeiten   48
Der Hypochonder   64
Kultphalli und alte Filme   75
Berliner Perspektiven   81

Einen schönen Tag noch!   83

Der Lieblingsberliner   85
Im Schwimmbad   99
Sommertag in Friedenau   100
Am Bullenwinkel   101
Westberlin – Neuruppin und zurück   110

Kreuzberg renoviert   113

Türkische Musik   115
Kreuzberg renoviert   123

Prenzlauer Bergbesteigung   124
Kurz vor der Oberbaumbrücke   125

Wo der rauhe, böse Lebenskampf regiert   127

Leben und lauschen   129
Wo der rauhe, böse Lebenskampf regiert   132
Ernst Jünger   137
Am Großen Wannsee   143

Die Mauer steht noch ein paar hundert Jahre   151

Mythos Berlin 1987   153
Mauergedicht   154
Am Brandenburger Tor   155
Interregio Berlin–Leipzig   156
Zu spät   157

Zum Schluß   163

Platz in Wilmersdorf   165

Nachweis der Erstdrucke   166

Für alle, die Fernweh haben …

Jeder braucht seinen Süden erzählt von der Sehnsucht nach dem irdischen Paradies, nach der Wärme, nach dem ultimativen Lebensgefühl. Es kann ein bestimmter Flecken Erde sein, Sizilien zum Beispiel, ein Kloster in Spanien, die Welt eines Dichters, die Farben eines Malers, die Kompositionen eines Musikers, Gerüche und Geräusche, das Große oder Kleine, in dem man sich zu Hause fühlt.

»Mit Sätzen, die auf der Zunge zergehen wie Zitronensorbet.« *JazzZeit*

Iso Camartin, Jeder braucht seinen Süden
insel taschenbuch 4017. 147 Seiten

Cees Nooteboom

Eine Liebeserklärung an Spanien

Die
Insel,
GESCHICHTEN ÜBER SPANIEN
das
Land

Jedes Jahr im Juli landet Cees Nooteboom auf den Balearen – und bringt von dort Geschichten mit, über die Insel und über das Land. Er erzählt von Don Miguel, dem 87 Jahre alten Postboten, von einem Mädchen namens »Schnee« und einem anderen, das »Liebe« heißt. Er betrachtet das Land und dessen Menschen mit Zuneigung, wissend, daß er nur ein Passant ist, einer aber, der sagen kann: »Ich liebe Spanien.«

»Wer Nooteboom liest, wird erleuchtet.« *Ulrich Greiner, Die Zeit*

Cees Nooteboom, Die Insel, das Land. Geschichten über Spanien Aus dem Niederländischen von Helga von Beuningen. insel taschenbuch 4024. 119 Seiten

**Die Kulthauptstadt des Nordens –
wie sie keiner kennt!**

Reykjavík ist die nördlichste Hauptstadt Europas und was für eine! Tief mit seiner Geschichte verwurzelt, präsentiert sich Reykjavík gleichzeitig als aufstrebende junge Metropole mit einer lebendigen Literatur- und Kulturszene. Die literarische Stimme Reykjavíks ist vielfältig und vielstimmig, besonders die jungen Autorinnen und Autoren sind in den vergangenen Jahren international sehr erfolgreich geworden. Der berühmte isländische Autor Pétur Gunnarsson lädt uns ein, seine faszinierende Heimatstadt kennenzulernen.

Pétur Gunnarsson. Reykjavík
Aus dem Isländischen von Betty Wahl. insel taschenbuch 4043.
Etwa 120 Seiten

Carlos
Ruiz Zafón
Der Schatten
des Windes
Roman

**»Rundum das, was man einen wunder-
baren Schmöker nennt.«**
Elke Heidenreich

Als der junge Daniel den geheimnisvollen »Friedhof der Bücher« betritt, ahnt er nicht, daß sein Leben eine dramatische Wende nehmen wird. *Der Schatten des Windes*, das Buch, das er für sich auswählen darf, wird ihn nicht mehr loslassen. Immer mehr taucht er in die Handlung des Romans ein, und auch sein eigenes Leben scheint sich den Gesetzen dieser Geschichte zu unterwerfen …

»Sie werden alles liegenlassen und die Nacht durch lesen!«
Joschka Fischer

»Zafón erzählt farbig, intensiv und so lebendig, dass seine Figuren neben uns zu stehen scheinen. Um uns leise ins Ohr zu flüstern, dass gleich ein neuer Schicksalsschlag Daniels Leben verändern und ihn Schritt für Schritt erwachsen machen wird. Man vertieft sich in dieses Buch, vergisst die Welt um sich herum und taucht mit Haut und Haaren ein in Zafóns wunderbares Labyrinth.«
Radio Bremen

Carlos Ruiz Zafón, Der Schatten des Windes. Roman. Aus dem Spanischen von Peter Schwaar. insel taschenbuch 4013. 562 Seiten

*»Und jedem Anfang wohnt ein Zauber inne,
der uns beschützt und der uns hilft zu leben.«*

»Bei Hermann Hesse fühle ich mich zu Hause. Seine Vorstellung vom
eigenen Weg – das kam bei mir schon früh an. Keinem anderen Schriftsteller fühle ich mich so verbunden.«   *Udo Lindenberg*

Hermann Hesse war ein Suchender. Sein großes dichterisches Werk, für
das er 1946 den Nobelpreis erhielt, legt Zeugnis davon ab. Immer neue
Leser in aller Welt lassen sich von seinen Gedichten faszinieren.
Dieser Band versammelt viele der schönsten und beliebtesten Gedichte
von Hermann Hesse. Die vorliegende Auswahl wurde von ihm selbst, ein
Jahr vor seinem Tod, zusammengestellt.

Hermann Hesse, Stufen. Ausgewählte Gedichte
insel taschenbuch 4047. Etwa 250 Seiten